大学生素质教育教材

形象礼仪与社交礼仪

王 芳 肖莅人 主 编
胡 艺 副主编

化学工业出版社
·北京·

内 容 简 介

良好的个人形象，和谐的人际关系，是事业成功、人生幸福的重要条件。本书主要介绍形象礼仪和社交礼仪，包括仪容、仪态、服饰礼仪，日常见面、交流所需的社交基础礼仪以及不同场合所使用的社交场合礼仪，并适当介绍中国古代礼仪知识。本书能够让学生轻松掌握礼仪知识，解决实际问题，提升社交能力，成为一个大方得体、从容自信、广受欢迎的人。

本书可作为大学生人文素质教育教材，也可供初入职场人员及其他社会各类人员学习参考。

图书在版编目（CIP）数据

形象礼仪与社交礼仪/王芳，肖莅人主编. —北京：化学工业出版社，2023.5
ISBN 978-7-122-43084-7

Ⅰ.①形… Ⅱ.①王…②肖… Ⅲ.①社交礼仪-教材 Ⅳ.①C912.12

中国国家版本馆CIP数据核字（2023）第040320号

责任编辑：王　可　窦　臻　　　装帧设计：张　辉
责任校对：宋　夏

出版发行：化学工业出版社
　　　　　（北京市东城区青年湖南街13号　邮政编码100011）
印　　装：河北鑫兆源印刷有限公司
710mm×1000mm　1/16　印张10½　字数131千字
2023年5月北京第1版第1次印刷

购书咨询：010-64518888　　　售后服务：010-64518899
网　　址：http://www.cip.com.cn
凡购买本书，如有缺损质量问题，本社销售中心负责调换。

定　　价：38.00元　　　　　　　　　　版权所有　违者必究

前言

不恰当地称呼对方使人不悦，和人交谈总是成为聊天终结者，主动与人握手却遭遇一厢情愿的尴尬，宴席上不知道自己该坐哪个位置，想得到别人的名片不知如何开口，音乐会上自己的鼓掌显得不合时宜，这些问题，人们在生活中经常遇到。社交活动中有很多约定俗成的行为规范和惯用形式，如果不了解这些常识，就会导致言谈举止不得体，影响交往效果和人际关系，或者缺乏自信，甚至恐惧社交。为此，我们编写了这本教材，让人们轻松学习礼仪知识，快速提升人际交往能力，同时适当介绍古代礼仪常识，使读者了解古今礼仪的联系，理解礼仪的内涵。

本教材特色如下：

（1）既突出礼仪规范的学习运用，也注重礼仪内涵的领会和内在修养的提升，内外兼修，实效性强。

（2）主要介绍现代礼仪，适当介绍中国古代礼仪常识，显示古今礼仪的联系。

（3）紧扣文字内容配以漫画插图，图文对照，直观形象，凸显教材的趣味性和示范性。

本教材由重庆化工职业学院王芳、四川美术学院肖苾人担任主编，重庆商务职业学院胡艺担任副主编，书中插图由肖苾人绘制。本书在编写过程中，参考了部分资料,在此,我们对相关作者和各类媒体表示衷心的感谢和诚挚的敬意!由于作者水平所限,书中难免有不足的地方,敬请使用本教材的师生及读者提出宝贵意见。

编 者

2022年9月

目◎录

第一部分　形象礼仪　*001*

第一节　仪容礼仪——整洁干净　印象第一　*002*
一、清洁　*002*
二、化妆　*003*
三、发型　*004*
第二节　仪态礼仪——体态语言　气质彰显　*005*
一、仪态举止　*005*
二、身体姿态　*006*
第三节　服饰礼仪——扬长避短　穿出品位　*021*
一、着装要求　*021*
二、着装原则　*022*
三、服饰搭配美化技巧　*024*
四、男士穿着　*029*
五、女士穿着　*039*

第二部分　社交礼仪　*050*

上编　社交基础礼仪　*051*
第一节　招呼寒暄——愉快交流　称呼开头　*051*
一、致意　*051*
二、称呼　*053*
三、寒暄　*058*

第二节　介绍礼仪——增进了解　广交朋友　062
一、介绍的顺序　063
二、介绍的种类　063
三、介绍的举止　065

第三节　握手礼仪——传递温度　感受尊重　066
一、握手要领　066
二、几种不同的握手方式　069
三、握手禁忌　070

第四节　名片礼仪——收发存放　皆有章法　073
一、名片的准备　073
二、递名片　074
三、接名片　075
四、收存名片　076
五、索取名片　076

第五节　交谈礼仪——用心倾听　有效沟通　078
一、语言文雅　078
二、注重交谈礼仪　080
三、做一个好的听众　082
四、选择合适的话题　082
五、掌握语言表达技巧　083
六、注意谈话的禁忌　084

第六节　电话礼仪——听音如面　闻声识人　089
一、拨电话　090
二、接电话　090
三、把握通话时长　091
四、掌握挂电话的技巧　091
五、拨错电话或突然断线的处理　092
六、如何代接电话　092
七、手机的安全文明使用　092

第七节 网络礼仪——文明交往 理智冲浪　093
　　一、网络交往礼仪　094
　　二、网络交谈礼仪　096
　　三、QQ群、微信群聊天礼仪　099
下编　社交场合礼仪　102
第一节 位次礼仪——找准位置 大方自信　102
　　一、位次礼仪基本规则　103
　　二、具体场合的位次礼仪　103
第二节 宴会礼仪——不忘礼数 "吃"出风度　116
　　一、宴会的分类　116
　　二、主人的礼仪　117
　　三、客人的礼仪　120
第三节 拜访与接待礼仪——宾至如归 客随主便　127
　　一、做客礼仪　127
　　二、待客礼仪　129
第四节 馈赠与接受礼仪　133
　　——精选礼品 传递诚意　133
　　一、赠送礼物　134
　　二、接受礼物　136
第五节 祝贺礼仪——热忱祝贺 分享快乐　140
　　一、贺喜的种类　140
　　二、贺喜的方式　140
　　三、赠送贺礼　141
　　四、贺喜的技巧　142
第六节 探病礼仪——暖心慰藉 宛若良药　143
　　一、了解病情　143
　　二、掌握好时机和时间　143
　　三、精选礼物　144
　　四、言谈举止得当　145

五、遵守院规　*146*

第七节　公共场所礼仪——严守公德　谦谦君子　*146*

一、公共场所的基本礼仪　*146*

二、各种场所礼仪　*148*

参考文献　*160*

第一部分
形象礼仪

个人形象体现了一个人的品位和价值观，个人形象的好坏直接影响着人际交往的成败。个人形象包括视觉形象、精神形象、社交形象三大部分。视觉形象是指人的外在表现，包括发型、妆面、着装、举止等。精神形象是指人的气质修养、学识阅历等。社交形象是指人的社会角色所对应的言行举止、待人接物的态度方式等。塑造良好的个人形象，需要学习如何得体地展现自身的外在形象，如仪容仪表的修饰和穿衣搭配等，同时注意增长学识，丰富内涵，提升个人修养，学习必要的礼仪知识与技巧，内外兼修。

作为展现个人外在魅力的视觉形象，仪表、服饰往往是首先进入人们眼帘的，尤其是初次见面时，由于双方互不了解，服饰和仪表在人们心目中占有很大分量，塑造美的外在形象是很重要的。

第一节　仪容礼仪——整洁干净　印象第一

一、清洁

保持身体清洁干净无异味，注意清洁口腔，女士修眉，男士修整胡须。手掌干净，指甲清洁。正式场合不穿无袖衣、背心等。男士正式场合不穿短裤、不得挽起长裤的裤管，不光脚穿鞋。女士在正式场合穿裙子时须穿丝袜，裙长不宜过短。

二、化妆

1. 妆容要视时间、场合而定

在公务场合中,女性工作妆的主要特征是简约、清爽、素雅,既要给人以深刻的印象,又不应显得脂粉气十足。社交场合是展现魅力的地方,女性妆容可时尚一些,晚会、晚宴等场合可化浓妆,但一定要与自己的服装搭配协调。外出时,在强烈的阳光下,容易暴露皮肤的真实状态,因此肤质好的人,妆容可以本色一些,肤质差的可略多一些修饰以掩盖肌肤问题。外出旅游或参加运动时,不要化浓妆,否则在自然光下会显得很不自然。吊唁、丧礼场合不可穿鲜艳的衣服和化浓妆,也不宜抹口红。男士在某些场合可以略微化妆,调整肤色,但应不露痕迹,如清洁面部与手部并使用护肤品进行保护、使用无色唇膏与无色指甲油保护嘴唇与手指甲、美发定型、使用香水等。

2. 避免以残妆示人

注意维护妆面的完整性。用餐之后、饮水之后、休息之后、出汗之后,要及时补妆。如果妆面深浅不一、残缺不堪,会给人留下不好的印象。

3. 避免当众化妆或补妆

当众化妆,尤其是在工作岗位上当众这样做很不庄重,并且还会使人觉得对待工作不认真。女士补妆最好去化妆间或卫生间。(图1-1)

图1-1 避免当众化妆或补妆

4. 使用化妆品要适量

不要过量使用化妆品，尤其芳香型化妆品如香水等。过量使用香水，不但有可能使他人觉得自己表现欲望过于强烈，而且气味太浓烈和刺激易引起他人的不适或反感，尤其在电梯等狭小空间里。通常认为，与他人相处时，自己身上的香味在一米以内能被对方闻到，不算是过量。如果在三米开外能被对方闻到，就是过量使用香水了。

三、发型

发型的选择设计应根据自身的头型脸型、颈部形态、高矮胖瘦、年龄、性格气质、职业等因素进行综合考虑，扬长避短，达到整体和谐美观，不可盲目模仿。发型还要与服饰相协调。

男士发型应长度适宜，款式适合。头发不遮眉、不盖耳、不压领。女士在庄重的场合穿礼服时，头发要梳理整齐，如将头发挽在颈后，显得端庄、高雅。如果穿裙装，可视裙装款式将头发盘起，或选择披肩发或束发等。穿西装时，发型要梳得端庄、大方，不要过于蓬松。（图1-2）

图1-2 发型

第二节 仪态礼仪——体态语言 气质彰显

一、仪态举止

(一)文雅规范

(1)站如松、坐如钟、行如风。站姿挺拔,坐姿端正,行走灵巧,平稳协调,步伐均匀不拖沓。

(2)女士穿裙装,尤其注意两点:一是两条腿自然并拢,不叉开腿站、坐。二是不当众下蹲,确需下蹲时,需背对别人并注意采取正确的蹲姿。

(二)符合身份

人的年龄、职业、身份等不同,有不同的形象,行为举止不能随心所欲。尤其某些行业,如公务员、教师、军人等,对个人形象的要求相对严格,应特别注意自身的举止合乎规范。此外,人的举止还要注意避免主次不分、没大没小、反客为主等。(图1-3)

图1-3 符合身份

（三）区分场合

在办公室与在运动场、在会议厅与在沙滩上、出席婚礼与出席葬礼、朋友聚会与商务谈判等，所表现出来的举止神态是有区别的。（图1-4）

图1-4 区分场合

（四）保持距离

（1）距离小于0.45米。亲密界域。亲密接触，用于夫妻、恋人、家人之间。

（2）0.45—1.2米。个人界域。私人距离，用于朋友、熟人或亲戚之间。

（3）1.2—3.6米。社交界域。礼貌距离，用于处理非个人事务的场合中，如进行一般社交活动，或在办公、办理事情时。

（4）大于3.6米。公众界域。一般距离，用于非正式的聚会，如在公共场所看演出等。

二、身体姿态

（一）站姿

1. 站姿要领

立颈、沉肩、收下巴、挺胸、立腰、收腹、提臀。

从正面看,全身笔直,精神饱满,两眼正视,两肩平齐;从侧面看,两眼平视,下颌微收,挺胸收腹,腰背挺直。(图1-5)

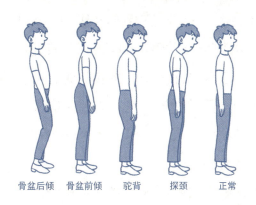

骨盆后倾　骨盆前倾　驼背　探颈　正常

图1-5　站姿要领

2. 标准立正站姿(男女通用)

两臂自然下垂,手中指贴裤缝,两脚跟并拢,两脚尖张开呈V字形,脚尖分开45°～60°(女士不超过45°),身体重心落于两腿正中。这种站姿适用于庄重严肃的场合,如升旗仪式或正式的公务商务场合等。(图1-6)

图1-6　标准立正站姿

3. 女士常用站姿

女士专用脚姿——丁字步。一脚跟置于另一只脚的足弓前,双脚靠拢呈"丁"字形,若身体朝向左边,则左脚在前,身体面向右，则右脚在前。这种站姿能修饰女士的腿部线条并让腿部显瘦。

（1）重大场合或者正式场合

女士腰际式站姿：双脚呈V字形（脚尖分开45°）或丁字步，双手虎口相交叠放于腰际，拇指可以顶到肚脐处。上身正直、头正目平、腰直肩平、双臂自然下垂、挺胸收腹、两腿站直、肌肉略有收缩感。微收下颌，面带微笑。在迎宾或是颁奖等重大场合中可采用这种站姿，服务和接待人员较多使用。（图1-7）

（2）工作及社交场合

女士前腹式站姿：与腰际式站姿基本相同，区别在于双手虎口相交叠放于小腹处（脐下约三指处）。（图1-7）

（3）正式宴会场合

优雅交流式站姿：双手手掌相对，轻松地握叠于胸部以下与肚脐以上的空间。（图1-8）

（4）休闲场合

女士轻松式站姿：保持身体主干部分的挺拔，脚位摆放轻松自然，双脚距离窄于肩部以显优雅，手位可以选择自然下垂或交叉于腹前。（图1-8）

图1-7　女士腰际式、前腹式站姿　　图1-8　女士优雅交流式、轻松式站姿

4. 男士常用站姿

（1）正式场合

男士前腹式站姿：身体立直，抬头挺胸，下颌微收，双目平视，嘴角微闭，双脚分开，距离不超过肩宽，一般以20厘米为宜，双手手指自然并拢，右手搭在左手上，轻贴于腹部，不要挺腹或后仰。（图1-9）

（2）迎宾时

男士后背式站姿：身体立直，抬头挺胸，下颌微收，双目平视，嘴角微闭，双脚分开，距离不超过肩宽，双手在身后交叉，右手搭在左手上，贴于臀部。（图1-9）

（3）休闲社交场合

男士轻松式站姿：保持身体主干部分的挺拔，脚位摆放轻松自然即可，两脚之间距离不超过肩宽，手位可选择自然下垂。（图1-9）

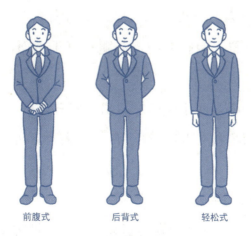

前腹式　　后背式　　轻松式

图1-9　男士常用站姿

5. 不当站姿

例如，弯腰驼背。双肘相抱或双手叉腰。重心落在一条腿上。

身体斜倚在其他物体上。女性双腿分开距离过大、O形腿等。

（二）坐姿

1. 坐姿基本要领

入座轻，背心和椅子靠背间可留一个拳头的距离。身体摆正，避免扭曲、驼背、歪斜。

两肩放松，下巴向内收，脖子挺直。

两个直角：上半身挺直，与地面成一直角；背部和臀部成一直角。

一般坐满椅子的2/3，宽座沙发则至少坐1/2。

2. 女士常用坐姿

（1）正式场合

庄重严肃的正式场合比较适合以下坐姿。

① 标准式坐姿。抬头挺胸收腹，两臂自然弯曲。两手交叉叠放在两腿中部位置。两膝并拢，小腿垂直于地面，两脚尖朝正前方。（图1-10）

② 侧点式坐姿。两小腿向左斜出（向右亦可，方法类推），两膝并拢。右脚跟靠拢左脚内侧，右脚掌着地，左脚尖着地。（图1-11）

（2）社交场合

丁字式坐姿。在标准坐姿的基础上稍微变换脚步姿势，两脚呈丁字步，要优美。（图1-12）

图1-10 标准式坐姿　　图1-11 侧点式坐姿　　图1-12 丁字式坐姿

（3）休闲场合

可采用轻松舒服式坐姿，但也应注意文明雅观。如臀部往后坐，让腰贴近椅背，双手可自然摆在大腿或椅子上，但腰背立直，不能瘫坐在椅子上。也可上半身自然前倾等。

3. 女士坐姿礼仪注意事项

入座时要轻稳，走到座位前，转身后轻稳地坐下。

如椅子位置不合适，需要挪动椅子的位置，应当先把椅子移至欲就座处，然后入座。

集体落座时，为了避免相互妨碍，一般由椅子的左侧入座，离座时也由椅子的左侧离开。

女士穿裙装入座时要用双手在后面从上往下将裙摆拢一下，避免坐出褶皱或因裙子打褶而使腿部裸露过多。

入座后注意合拢双腿，特别是穿着裙装时要避免走光。

坐着时不要摇腿。

坐下以后头不要太过前倾，给人一种不自在的感觉。

离座时要自然稳当，右脚向后收半步，而后站起。

4. 男士常用坐姿

（1）正式场合

① 标准式坐姿。上身挺直，坐到椅面中间处，小腿离椅子的边缘大概一拳。双腿与地面垂直，两腿间距不超过肩宽，或自然分开呈45°。头正身直，双脚平放于地面，双手自然平放在两大腿上。（图1-13）

② 前伸式坐姿。要领：在标准式坐姿的基础上，一脚往前半脚的距离，脚尖不要翘起。上半身可略向前倾，表示对对方的尊敬。（图1-13）

（2）社交场合

前交叉式坐姿。在标准式基础上，小腿前伸，一脚往前半脚的距离，然后两脚踝部交叉，脚尖不要翘起。（图1-14）

（3）休闲场合

① 重叠式（二郎腿式）。一腿架于另一腿上的二郎腿式，休闲场合可用，但不能抖腿，且在上级和长辈面前不宜使用。（图1-15）

② 轻松舒服式坐姿。臀部往后坐，让腰贴近椅背，双手可随意摆在大腿或椅子上，但腰背立直，不能瘫坐在椅子上。

图1-13　标准式、前伸式坐姿　　图1-14　前交叉式坐姿　　图1-15　重叠式坐姿

5. 男性坐姿礼仪注意事项

（1）不要把双腿分开伸得很长，让人觉得缺乏教养，且对别人满不在乎。

（2）不能将双手扣住膝盖并不停晃动脚尖，这是一种傲慢无礼的表现。

（3）他人面前避免让自己整个人陷在座位当中，给人慵懒的感觉。

6. 常见不当坐姿

例如，弯腰驼背，脊柱侧斜，身体过于后倾，女性分开腿坐，男士腿脚过于前伸等。

（三）走姿

1. 走姿要领

抬头挺胸收腹，两眼平视。

脚跟先落地。迈步时，应脚尖向着正前方，脚跟先落地，脚掌紧跟落地。

自然摆臂。两臂自然摆动，轻而稳，节奏快慢适当。（图1-16）

间距适度。男士两脚距离不超过肩宽，两脚跟内侧可踩在两条平行线上。女士两脚距离更小一些。在社交场合两脚跟内侧踩在一条直线上行走，或尽量接近于一条直线，会显得更文雅优美。（图1-17）

图1-16　正确走姿　　　　图1-17　女士脚距

2. 不当走姿

例如，双手插入裤兜，双手背在身后，弯腰驼背，男士上身晃动甩手臂，大摇大摆，双脚呈内八字或外八字。

（四）蹲姿

1. 正确蹲姿

一脚在前，一脚稍后，上身挺立，身体向下蹲，女士双腿靠紧，膝盖呈一高一低的姿势，臀部置于后面脚的脚跟部。（图1-18）

图1-18 正确蹲姿

2. 女士拾物蹲姿

当捡拾地上的东西或拿取低处物品的时候，首先走到要捡或拿的东西旁边，直腰下蹲，再使用正确的蹲姿将东西拿起。（图1-19）

图1-19 拾物蹲姿

3. 不当蹲姿

例如，直腿弯腰、臀部向后撅起，两腿叉开、两腿左右展开平行下蹲，下蹲时露出内衣裤，女士穿裙子下蹲拾物时弯上身、翘臀部。

（五）手势

手势可传情达意或起指引指示作用。

1. 要求

自然、大方、得体，寓意明晰。

适量、适度、不生硬。

一般"上界"不超过对方视线,"下界"不低于胸区,左右摆幅不宜太宽,速度适中或稍慢。

注意不同国家、地区、民族手势的不同含义,避免闹笑话或者引起误解。

2. 常用手势

(1) 鼓掌

鼓掌表示欢迎、祝贺、赞许等。鼓掌时面带微笑,抬起两臂使左手手掌至胸前,掌心向上,以右手除拇指外的其余四指有节奏地轻击左手中部。击掌时两只手的手指不要像行合十礼那样重合,可呈相握状。鼓掌一般要有声响,必要时应起身站立。鼓掌手势常用于欢迎他人光临或讲话、演出结束后。(图1-20)

(2) 举手致意

向他人表示问候、致意,用于无暇分身或与对方有一定距离时。面向对方、手臂上伸、伸开手掌、掌心朝向对方、指尖朝上。与对方远距离问候,手举过头;和对方中等距离问候,手举不过头。(图1-21)

图1-20 鼓掌

图1-21 举手致意

(3) 挥手道别

身体站直、目视对方、手臂上伸、掌心向外、手举过头并左右挥动。（图1-22）

图1-22　挥手道别

(4) 指引手势

掌心向上，因为掌心向上的手势有诚恳、尊重他人的含义。右手手臂伸直，五指并拢，掌心向上，向指示方向摆去。在指示道路方向时，手的高度大约齐腰，指示物品的时候，手的高度根据物品来定，指示人物也是类似。需要注意的是，无论是指人还是指物，都不要用单个手指指点。（图1-23）

图1-23　指引手势

(5) "请进"手势

横摆式：这是服务接待人员的常用手势。五指伸直并拢，手掌

自然伸直，手心向上，肘弯曲，腕低于肘。并对客人说"您请"或"请进"。（图1-24）

屈臂式：以肘关节为轴，手从腹前抬起向右摆动至身体右前方，头部和上身微向伸出手的一侧倾斜，另一手下垂或背在背后，目视宾客，面带微笑。并对客人说"里边请"。（图1-25）

图1-24　横摆式　　　　　　　图1-25　屈臂式

（6）"请坐"手势

斜摆式：接待来宾并请其入座时采用。即用双手扶椅背将椅子拉出，然后右手屈臂由前抬起，以肘关节为轴，前臂由上向下摆动，使手臂向下成一斜线，表示请来宾入座。（图1-26）

图1-26　请坐

（六）表情

表情通常应表现出热情、友好、轻松、自然，特别注意笑容和眼神。

1. 笑容

笑的程度要注意场合，很正式的场合、公务商务场合一般不宜大笑。

微笑是应用场合最为广泛的一种笑，对他人的尊重和友善首先体现在微笑。要做到自然大方，真诚微笑。

2. 眼神

目光是一种无声的语言，往往可以表达有声语言难以表现的意义和情感。"眼睛是心灵的窗户"，它在很大程度上能反映一个人的内心世界。一个良好的交际形象，目光应是坦然、亲切、和蔼、有神的。

（1）眼神礼仪

看的角度。正面面对别人，不斜视。目光也不要从上到下扫视他人全身。不要眯眼看人。

看的时机。自己正与他人说话时；对他人表示理解、支持、赞同、重视时。

看的时间。约占整个交谈过程的1/3～2/3时间。交谈交往中应使对方心理放松，感觉平等，易于交往，不要长时间固定注视对方某一处以免使其尴尬和不安。

看何部位。目光一般集中在对方额头至胸部以上区域。

（2）视线方向

平视：视线水平表现平等、客观和理智。

俯视：视线向下表现权威感和优越感，或者轻视对方。

仰视：视线向上表现敬重、尊重或服从。（图1-27）

俯视　　　仰视　　　平视

图1-27　视线方向

（3）注视区域

场合对象不同，注视的区域也不同。一般分为亲密注视、社交注视、商务注视（公务注视）。

亲密注视。这是夫妻、恋人、家人等拥有亲密关系的成员之间使用的注视方式。注视的位置在对方双眼到胸部之间的倒三角区域。这种注视表达的情感是亲密和友善。（图1-28）

社交注视。这是在各种社交场合使用的注视方式。注视的位置在对方双眼到鼻部的倒三角形区域。这种注视令人感到舒适、礼貌，能够营造一种和缓融洽的氛围。（图1-29）

商务注视（公务注视）。在洽谈、磋商、谈判等严肃场合，目光要给人一种严肃、认真的感觉，注视的位置可以是从额头中心到双眼的正三角区域内。（图1-30）

图1-28　亲密注视　　　图1-29　社交注视　　　图1-30　商务注视

【古代礼仪小知识】

孟子欲休妻

孟子的妻子独自一人在屋里,叉开两腿坐着。孟子进屋看见妻子这个样子,非常气愤,于是去对母亲说:"我的妻子不讲礼仪,请允许我休了她。"孟母问:"为什么?"孟子说:"她叉开两腿坐着,太没礼貌了。"孟母问:"你怎么知道的?"孟子说:"我亲眼看见的。"孟母说:"这就是你没礼貌了,不是你媳妇的错。《礼记》上不是说了吗,快要进入厅堂的时候,要提高声音说话,让里面的人知道你将要进来;将要进屋的时候,必须眼往下看,不要四处看,为的是不让人没准备。现在你媳妇独自闲居休息,你进屋没有声响,因而让你看到了她两腿伸开坐着的样子。这是你没礼貌,而不是你媳妇没礼貌!"孟子认识到自己错了,再也不提休妻的事了。

由此可见,古人认为君子应该保有坦荡的风度,言行举止都要得体恰当,尊重他人。在进门的时候要提前让屋里人有所准备,避免尴尬。其实这样的礼仪在现代也是非常必要的。我们在进别人的房间之前要先敲门,得到许可后再进去。进入主人家的房间后,不能随意乱闯,侵犯主人的隐私。即便是一家人,也应该相互尊重,而不能太过随意和鲁莽。

这个故事同时也从另一个侧面表现出古人对仪态礼仪的重视。古时因为没有椅子,人们坐的方式与现代有所不同。古人的正规坐姿是跪坐,席地而坐,两膝弯曲着地,臀部压在脚跟上,这就是"坐",也叫跪坐、正坐、端坐、安坐。跪坐是对对方表示尊重的坐姿。如果在坐的基础上,把臀部抬起离开脚跟,臀股与双脚跟保持有一定距离且夹角小于90°,叫做"跪"。

如果臀股与双脚跟保持有一定距离而夹角等于90°，即大腿与上身成一条直线并与小腿垂直，挺身直立，则叫做"跽"，又称为长跽、长跪、危坐。这里的"长"是指跽的时候比坐的时候身体增高，而不是指跪的时间长。像孟子的妻子那样叉开双腿的"箕踞"的坐姿，在古代是很不礼貌的姿势，不能在他人面前使用。

第三节　服饰礼仪——扬长避短　穿出品位

服饰具有实用、美化，以及展示个性、显示身份和地位的功能。正确得体的着装，能体现个人良好的精神面貌、文化修养和审美情趣。意大利影星索菲亚·罗兰曾说过："你的服装往往表明你是哪一类人，它们代表着你的个性，一个和你会面的人往往会不自觉地根据你的衣着来判断你的为人。"服装并非一定要高档华贵，但须做到清洁平整，大方得体，让人穿上以后显得精神焕发。这既是尊重自己也是尊重他人的需要，是良好仪态的必备条件。

一、着装要求

（1）整洁合体：保持干净整洁，熨烫平整，穿着合体，纽扣齐全。

（2）文明大方：忌过露、过透、过短、过紧。

（3）搭配协调：款式、色彩、配饰相互协调。

（4）体现个性：与个人性格、职业、身份、体形和肤色等特质相适应。

（5）符合常规：遵循约定俗成的着装规矩。

二、着装原则

1. 时间适合

穿着要注意年代、季节和一日内的各时间段,与社会发展相适应,体现时代性和时尚感,根据不同季节和一日内不同时间段气温及活动的变化选择适合的服装。

不同时段的着装规则对女士尤其重要。对于男士来说,质地上乘的西装或夹克适应面就很广,而女士的服装更为多样化,配饰也更丰富,故女士着装随时间变化而更加灵活多变。白天工作时,女士应穿着正式,晚上出席鸡尾酒会就需多加一些修饰,如换一双高跟鞋,戴上精美的配饰,围一条漂亮的丝巾。(图1-31)

图1-31　时间适合

2. 场合适应

在隆重的公务场合,适宜穿着正装、庄重的服装,而不适合穿便服。如与顾客会谈、参加正式会议等,衣着应庄重考究。

日常工作场合宜穿着符合行业特点的、整洁挺括的服装,或流行中略带保守的服装,不宜穿着太标新立异或太个性化的服装。

在社交场合,适宜穿着典雅、时尚、亮丽的衣服。如听音乐会或看芭蕾舞,应按惯例着正装;出席正式典礼或宴会时,可穿中国的传统旗袍或西方的礼服。(图1-32)

在轻松的休闲场合，适宜穿着舒适、方便、自由的休闲服。

在温馨的家居场合，适宜穿着比较随意的、个性化的休闲或家居服。

在欢乐的喜庆场合，适宜穿着热烈、明快的衣服。但出席婚礼，穿着不宜过于出众耀眼，以免盖过新郎新娘的风头，更不宜过于怪异。

在悲哀、肃穆的场合，适宜穿着以黑色或其他深色、素色为主的服装，不宜穿红着绿，也不宜穿有花纹图案、花边、刺绣或飘带之类装饰物的服装。

图1-32　场合适应

3. 地点适宜

穿着要适应地点、环境。如室内办公，穿正统稳重的服装；郊外景区旅游，选择安全舒适的服装；上街购物，选择休闲便于行走的服装。穿泳装出现在海滨、浴场是人们司空见惯的，但若是穿着它去上班、逛街，则会令人哗然。（图1-33）

图1-33　地点适宜

4. 身份适配

服装具有向他人传达个人社会地位、职业、自信心以及其他个性特征等印象的功能。你若想成为一个什么角色，首先得看起来像那个角色。利用服装可以树立个人社会角色，一个人的着装也应与其职业和社会地位相符合。（图1-34）

图1-34　身份适配

三、服饰搭配美化技巧

（一）着装美化技巧

1. 着装整体协调有层次

服装款式与形体协调。若体型偏胖，可选择具有收缩感的深色调和灰暗色彩。采用垂直设计，避免横线条和大格子图案，避免复杂款式。而身材瘦小者，则较适合浅色调和横向装饰。上下装色彩款式一致可使人显高。（图1-35）

服装颜色要与肤色适配。适宜的颜色能衬托得自己肤色更漂亮，让自己看起来气色好，有精神。若无条件试衣服，则可将衣服或者布料贴近脸部照镜子，观察服装或布料颜色是否适合自己的肤色。

图1-35　横竖线条效果

2. 优点强调突出，缺点弱化隐藏

如女士拥有漂亮的脸蛋但身材不佳，则可以在接近脸部的衣领及胸部等部位增加服装的设计感，将别人的视线吸引到漂亮的脸部来。

如女士腰肢纤细，穿裙装时可以用带有蝴蝶结等装饰的腰带加以突出，而粗腰则应弱化腰部，不宜用腰带。腿粗短不适合穿深色裤袜和短裙，否则会更加凸显缺点。

3. 身体比例失调，利用服饰进行平衡补救

如男士肩膀太窄，可利用稍宽的垫肩给人以肩膀宽大的感觉，但需注意全身比例的协调；而女士肩膀太宽则可以穿无垫肩的插肩袖、蝙蝠袖等服装弱化肩宽的感觉，或穿下摆宽大的裙子，与宽肩平衡，从视觉上减弱肩宽的印象。又如上身长下身短的体型，可以通过提高服装腰线的位置来改变上下身的比例，给人以长腿的感觉。

（二）服装色彩搭配技巧

色彩对着装效果的影响较大。有些衣服颜色本身很漂亮，但搭配在一起却感觉难看，或颜色看着漂亮但自己穿上身效果却不好。有些颜色会把自己的肤色衬托得很漂亮但有的颜色却相反。合理搭配服装色彩需要了解一些基本的色彩原理和搭配技巧，选择适合自己的色彩及搭配方式，才能穿得更得体和出色。

1. 了解色彩的属性

不同色彩会给人不同的感受，如深色或冷色调的服装让人产生视觉上的收缩感，显得庄重严肃；而浅色或暖色调的服装会有扩张感，给人轻松或活泼的印象。可根据自身条件与需要进行选择和搭配。

2. 掌握主色、辅助色、点缀色的用法

主色是占据全身色彩面积最大的颜色，占全身面积的60%以上，通常是套装、风衣、大衣、裤子、裙子等。辅助色是与主色搭

配的颜色，占全身面积不超过40%，通常是单件的上衣、外套、衬衫、背心等。点缀色一般只占全身面积的5%～15%，通常是丝巾、鞋、包、饰品等，起画龙点睛的作用。

简洁大方的服装款式，能给配饰留下展示的空间，这样才能体现着装者的搭配技巧和品位爱好。以一种色彩为整体的基调，再适当辅以其他色的搭配较为常用。全身服饰色彩的搭配应避免1∶1，尤其是对比色。一般以3∶2或5∶3为宜。（图1-36）

图1-36　色彩搭配

3. 同色搭配法

把同一颜色按深浅、明暗不同进行搭配，给人和谐、有层次的韵律感。如：深灰配浅灰、墨绿配浅绿等。同色系的搭配方式既简单，又时尚。

4. 近似色搭配法

指邻近色的搭配，如：橙色配黄色、黄色配草绿、黑色配灰色、粉色搭配藕粉色等。

5. 撞色搭配法

撞色是指将反差大的颜色搭配形成视觉冲击的效果。常见的服装撞色搭配如红+绿、黄+紫、蓝+橙、绿+紫等。撞色搭配会形成鲜明对比，很有视觉冲击力，给人很个性的感觉。但此法需谨慎使用，搭配巧妙可以显现自信与活力，张扬个性，但搭配不当或不适合自身则可能适得其反，暴露缺点。

6. 无彩色的黑、白、灰搭配

黑、白、灰是最经典最百搭并且永远都不会过时的颜色,与其他颜色搭配不容易出错。喜欢简约风以及不想出错的可以多尝试一下这种搭配。

7. 色彩以少为佳

全身色彩以不超过三种为宜,否则容易显得杂乱。通常整体颜色越少,越能体现优雅的气质和品位,并给人利落、清晰的印象。如果你追求的是个性另类,那就可以忽略这一点了。

8. 运用小件配饰品

衣服色彩不丰富的时候,运用小件配饰品,只要稍加点缀就可以打破沉闷的局面,让整体鲜活生动起来。

(三)饰品佩戴搭配技巧

首饰搭配让造型更加完整饱满,还能增添趣味与个性。

1. 佩戴饰品以少为佳

少而精的饰品能起到画龙点睛的作用。女士一般场合身上的饰物三种之内。一般不要同时戴耳环、项链与胸针,容易显得繁杂凌乱。一些明星海报和杂志封面人物带着大手镯、大耳环、夸张的项链,这种搭配只有在专业造型的前提下才能穿出效果。如果平常这么戴,容易给人用力过猛的印象,很难让人觉得有品位。(图1-37)

图1-37 饰品佩戴

2. 要适合自身特点，使首饰为自己扬长避短

首饰的佩戴要与人的体型、发型、脸型、肤色协调一致，为自己扬长避短。如果自己颈部长得比较漂亮，可戴上一条造型独特的项链，突出颈部。腰部过粗，则不可佩戴腰饰，可选戴一枚做工精美的胸针或胸花，提升他人的视线，使之忽略自己的粗腰。佩戴戒指、足链之前，应先想想自己的手指、脚腕长得美不美，以免他人的视线被戒指、足链吸引，反而发现自己的短处。

3. 注意不同场合

佩戴首饰应与所处的环境、场合相适应。不同的场合对于首饰的质地、款式、形式要求不同。职场首饰佩戴，不宜太过招摇，应选择相对比较低调简约的首饰；而参加聚会、晚宴等社交活动时，在首饰选择上可以大胆一些。

4. 注意季节性

不同季节穿衣不一样，佩戴饰物的质地、色彩、款式也不同。金色、深色首饰较适合冷季佩戴，银色、艳色首饰较适合暖季佩戴。

5. 符合习俗

佩戴首饰要注意各地的风俗习惯、传统观念。不同地区的人对首饰的质地、色彩有着不同的习俗或喜好。

6. 同质同色

饰品材质有软硬、厚薄、质感等各种形态的差异，不同材质所体现的风格会有很大区别。同色系或同质地的耳环、手镯便于搭配使用。如果是金银配饰，也最好保持一致，金色配金色，银色配银色，银色遇上珍珠也可以保持统一。若同时佩戴两件或以上的首饰，最好色彩一致，如果带着金色耳钉，却搭配一条银色项链，感觉就有些突兀。戴几种色彩斑斓的首饰，可能给人以颜色繁杂之感。

7. 要考虑整体效果

佩戴饰品要注意全身总体协调，要注意搭配，与服装和谐，与其他首饰和谐。如女士穿着端庄正式的服装宜佩戴珍珠或宝石项链，不适合皮质或木质的项链，夸张造型的大耳环适合派对等。

四、男士穿着

（一）西装

1. 正式场合男士穿西装的规范

颜色以藏青、黑色、灰色和米色为主；新西装袖口的标签要拆掉；不要卷挽西装袖和裤管；注意内衣搭配。

2. 男士穿西装做到三个"三"

三色原则。穿西装全身颜色不超过三种（包括上衣、裤子、衬衫、领带、鞋、袜等）。

三一定律。重要场合穿西装套装，以下三处是同一颜色，且首选黑色——鞋子、皮带、公文包。

三个禁忌。忌袖子商标不拆；忌领带搭配或系法不正确；忌正式场合穿西装时搭配白袜子或尼龙丝袜。

3. 西装纽扣的扣法

西装有单排扣和双排扣两种款式，正式场合至少扣一粒扣子。西装一般不扣最下面一颗纽扣，但也不绝对，因为还需考虑场合、款式与美观的需要。

（1）单排扣

单排扣西装只有一排纽扣，常见的有一粒扣、两粒扣和三粒扣，其中两粒扣最常见。单排扣西装更有休闲感，穿套装或搭配颜色合适的休闲裤都不错。

单排一粒扣。根据场合正规与否,决定是否系扣。正式场合应扣上,非正式场合扣子可系可不系。系上比较郑重,不系则轻松随意。(图1-38)

单排两粒扣。这是无论在正式场合还是商务休闲都适用的西装。一般常见款的单排两粒扣西装最下面一粒扣子不扣。但如果身材很高大或者偏胖,或者是两颗扣子的位置较高,分别居于中腰线上下附近的款式,那么最好都要扣,才显得美观。

单排三粒扣。可以扣上面的两粒,显得郑重;也可以只扣中间一粒,显得轻松潇洒。最下面的扣子不扣。(图1-39)

男士站立时应扣好扣子,坐下时,单排扣西装可解开扣子。

图1-38 单排一粒扣西装

图1-39 单排两粒扣、三粒扣西装

（2）双排扣

双排扣西装有两排纽扣，最典型的是四粒扣、六粒扣，二粒和八粒扣很少见。

双排四粒扣。一般最下面一粒扣子不扣，但如果衣领开至腰部，则只有右下方的那一粒纽扣较适合扣上。

双排六粒扣。一般扣右边中间一颗纽扣，最下面一粒扣子不扣，这是最为流行的一种扣法。相比全扣，在风格上更闲适，对于一般人来说也能应付各种场合，不至于失礼。

若将右边中间和最下面的扣子都扣上，即双排全扣，则是最正式、最庄重的穿法。

穿着合适的双排扣西装会显得人身形更挺拔，但双排扣西装并不是人人都适合，它是"倒三角"身材的上佳之选，不合适的双排扣西装会放大身材的缺陷，尤其易于暴露肚腩，所以有肚子的男士慎选。双排扣西装通常穿套装，也可以搭配同色系的高品质西裤，不宜搭配牛仔裤等。（图1-40）

图1-40 双排六粒扣西装

（二）西装背心

一般情况下，西装背心（也称马甲）若搭配西装只能与单排扣西装上衣配套穿。西装三件套优雅贵气，绅士感十足，塑造出一个严谨、专业的职业形象，是出席商业活动和宴会着装的良好选择。

西装背心，大体上可被分作单排扣式与双排扣式两种。单排扣西装背心，三件套中间马甲的扣子要全部扣上，或者最下面一粒不扣，双排扣西装背心，通常全部纽扣都要扣上。西服外套的扣子一般不扣。

西装背心，不论是单独穿，还是同西装配套穿，都要扣上纽扣。

（三）衬衫

西装衬衫应裁剪得体，给人简练大方的感觉。

正确的衬衫穿法是将衬衫下摆整齐束在裤子里，衬衫袖扣也要整齐系好，褶皱太多、下摆外露、挽卷袖口都是错误的。

衬衫领子应比外套高出1.5cm左右，袖子应比西装的袖子长出1～2cm，并能盖住手腕；不打领带时，衬衣第一个扣子要解开。（图1-41）

图1-41　衬衫领子、袖口

颜色图案选择合适，常见的有白色衬衫、浅蓝色衬衫、粉红色衬衫、条纹衬衫、格纹衬衫、时尚新式衬衫如条纹布、牛仔或法兰绒面料衬衫等。

（四）领带

领带是西装的灵魂，在西装的穿着中起着画龙点睛的作用，正式场合穿西装都需要打领带。

1. 领带的长度

领带太长太短都不合适。通常正式场合穿西装系领带，上面宽的一片应略长于底下的一片，领带长度以领带的尖端触及皮带扣为宜。如果领带太长，拉长了上身比例，容易显得腿短身矮，而且会给人散漫拖沓之感。如果领带过短，显得不够大气，还容易将别人的视线聚焦于你的肚子之上。不能把过长的领带塞进裤腰，而应选择长度恰当的领带，精心地系好。（图1-42）

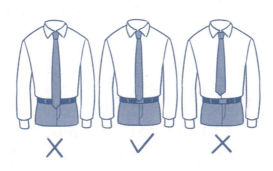

图1-42　领带长度

2. 领带的宽度

领带宽度指的是整条领带最宽位置的宽度，通常领带的宽度与西装翻领的宽度接近比较合适，领带结的大小和样式应该适应你的脸型和衬衫领子。领带选宽还是选窄，还取决于自己的体型以及出席的场合等。如身材高大者或肩宽者适合宽一点的领带，当然西装翻领也要选择相应的宽度。

从风格来说，宽领带视觉上给人以稳重感，适合出席正式场合。窄领带时尚感比较强，轻巧中有着几分俏皮，更适合走休闲风，在不很正式的场合佩戴。介于宽窄之间的中版领带，比宽版显得年轻，比窄版正式，商务、休闲两相宜。

适合的宽度也随着年代不断在改变。当下主流的领带宽度在8～9cm之间，符合中国男士的着装形象。6～8cm宽的领带属于休闲款式，一般用于非正式场合穿戴。但领带宽度最好不要低于6cm，否则可能会让人感觉过于随意和轻浮。

3. 领带的材质

领带最好的质料是真丝，质感顺滑自然、细腻精致，带有光泽但不耀眼，很适合正式场合，是最不容易出错的材质。仿真丝的混合料子，比丝质领带硬挺，也有丝质领带的华丽感，比丝质领带便宜又耐用。富于质感的羊毛纤维领带较多搭配法兰绒、花呢等秋冬类西装。此外还有针织领带、纯棉、棉麻、人造材料等，可以按需选用。

4. 领带的图案

佩戴领带的颜色和花型往往体现了一个人的个性和形象，很多有权力地位的男士常常会佩戴深色简朴图案的领带，来代表他的权威。带有花色的领带则更具有点睛作用，可以为纯色西装，特别是深色西装增加几分生机和雅致。选择合适的颜色和花型，能够让整体造型更出彩。

领带的颜色应比衬衣深一些。领带的图案很多，常见的有以下几种，如图1-43所示。

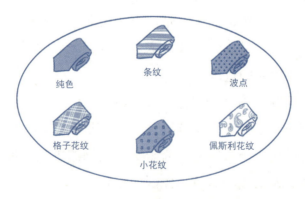

图1-43 领带图案

（1）纯色领带

纯色领带指没有花纹图案的领带，包括有纺织纹的单色领带。纯色领带是从商务到派对都可以使用的万能装饰。作为最基础的款式，纯色领带往往给人简约沉稳的印象。隆重严肃的场合通常佩戴纯色领带。虽说没有花纹，但布料的不同织法还是会给人不一样的观感。纯色领带比较百搭，经典的纯色领带有黑色、灰色、深蓝、酒红、咖啡色等。

（2）条纹领带

条纹领带大方而不失时尚气息，细腻精致的条纹配上朴素大方的色彩，充分展现男士得体的时尚。经典条纹的领带在正式场合很适合，其中斜纹比较常见。条纹有粗细之分，也有粗细混合的。

（3）波点领带

波点指圆点状均匀排列的花纹。波点领带往往给人清新优雅的印象，比条纹显得更活泼一些。波点越小越沉稳内敛，波点越大则越随性亲和。在正式场合佩戴小波点花纹比较正统。

（4）格子花纹领带

格纹时尚又经典，使男士着装不显沉闷。其中既有色彩丰富，给人以随和亲切印象的马德拉斯格纹，也有给人以稳重印象的千鸟格纹、格伦格纹等。

（5）小花纹领带

小图案最能彰显佩戴者个人喜好品味。图案越大越休闲，图案越小则越正式。颜色多样的小花纹领带让原本严肃的商务西服有了时尚味道，变得更加精致有气场，可以用于出席商务活动，但注意西装需要偏简单不花哨。

（6）佩斯利花纹领带

佩斯利花纹是一种历史久远的装饰图案，形似腰果、花形、菩提树叶、旋涡、泪滴、逗号等。据说佩斯利花纹诞生于古巴比伦，兴盛于波斯和印度，后传入欧洲。19世纪在苏格兰西部的一个小镇佩斯利，那里的人们运用这种花纹制成的羊绒披肩非常有名，于是这种花纹被命名为"佩斯利花纹"。佩斯利花纹不仅是世界上历史最悠久的图案之一，也是世界上名字最多的花型，如威尔士梨纹、巴旦姆纹、克什米尔纹、火腿纹、曲玉纹、腰果纹等。

佩斯利花纹细腻、繁复、华美，色彩绚丽，意蕴美好，极具古典气息，古老而精美，在建筑、雕塑、服装和饰物中都有应用。

5. 领带选配

领带根据不同的图案、颜色、宽窄、材质等，有很多搭配方式，应根据自身条件、着装风格等正确选择合适的领带，一条适宜的领带，能提升着装者的气质与品味。随和的男士，体型和五官有亲和力的，可以穿休闲西装搭配棉麻领带或者针织领带，显得自信又洒脱。中规中矩的男士能将正装西服穿出高级感，可以选择雅致的条纹领带和小波点领带等，佩斯利纹领带也是很不错的搭配。个性张扬充满活力的男士可以选择一些颜色明亮的领带，给人感觉时尚前卫。

西装、衬衫、领带三者之间的色彩搭配非常重要，下面介绍两种常见的色彩搭配法。

（1）同色搭配

将同色系的西装、衬衫、领带搭配在一起的方法较容易掌握。但是三者的明度和纯度要有所变化，避免过于呆板。领带图案要和服装图案有反差，不能混沌一片，缺乏层次。这种搭配整体显得比较和谐，也更适合正式场合。如：浅蓝色衬衫+蓝色西装+蓝色领带。

（2）撞色搭配

常见的如白色衬衫+黑色西装+黑色领带。又如深蓝色西装+红色条纹领带，深蓝与正红的热烈撞色，不仅大胆有力，还能吸引眼球，适合性格外向的男士。

6. 领带系法

领带系法有多种，常用的有单结、平结、交叉结、双环结、温莎结、马车夫结等，不同系法的结有形状、厚薄的区别，可根据场合、西装及衬衫的款式与厚薄、领带的材质与宽窄等恰当选择。

衬衣外穿毛衣或马甲时，领带应贴住衬衣。（图1-44）

图1-44　领带贴衬衣

7. 领带夹

日常生活中有很多情况如弯腰、用餐等场合会让领带有所倾斜，而领带夹的使用可以有效地避免领带歪斜现象的出现，帮助领带笔直地贴服在上半身正中间位置，保持正式感和整洁感。领带夹除了实用功能，还具有装饰功能，在细节上透露出时尚气息。如何正确使用领带夹呢？（图1-45）

领带夹长度：领带夹的长度以领带宽度的四分之三为宜。

安放位置：在衬衫从上往下数第三与第四粒纽扣之间，注意要把两片领带和衬衫前襟一起夹住。

配色选择：一般选用银色或者金色，也可以增加一些点缀颜色，这样看上去更加优雅，同时尽量和你身上的其他金属颜色相呼应，如：手表、袖扣等。

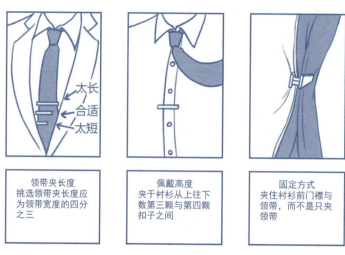

图1-45 领带夹的使用

（五）西装口袋

西装外衣口袋和裤子口袋都是装饰性口袋，应不装或少装物品。

（六）鞋袜

穿西装宜穿皮鞋。西装、鞋子和袜子的色调要协调一致。皮鞋的颜色越深越显得正式。黑色、棕色是常见的适合与西装套装搭配的皮鞋颜色。

（七）男士包

对男士来说，包包不仅是实用的收纳用具，更能成为自身品位与身份的象征。最常见的是公文包、休闲拎包、户外双肩包。

公文包用在公务、商务场合，应端庄大方，符合个人外型特征，显示自身的专业气质。

男士公文包常见有横款和竖款两种。偏瘦的男士可选择横款，偏胖的男士选择竖款。

公文包大小要与自身身材相适宜。

真皮和特种帆布制作的比较有档次。

公文包的颜色要跟自身的肤色、服装相搭配。如果无法确定哪种颜色适合,可以选择百搭的黑色。(图1-46)

图1-46　男士公文包

五、女士穿着

1. 西装

在重要会议和会谈、仪式以及正式宴请等场合,女士着装应庄重得体。合体的西装,能展现女性的优雅气质。美观大方的西装套裙,常常是品位高雅的选择。要注意皮鞋、皮包、发型、妆容与西装的搭配。

2. 裙装

款式适合的裙装也是女士正式场合经常穿着的服装,裙装能表现出女性流畅柔美的线条。(图1-47)

图1-47　正式场合着装

（1）正式场合女士穿裙装四要点

重要场合，尤其涉外交往中，不穿黑色皮裙。

裙、鞋、袜款式色彩要协调。

不光着腿和脚穿裙装。

避免三截腿。三截腿是指穿裙子时穿半截袜子，裙子下摆不能遮住袜子的上沿儿，袜子和裙子中间露段腿肚子。但运动短裙除外。（图1-48）

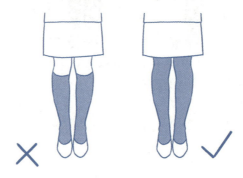

图1-48　三截腿

（2）正式场合女士穿裙装如何搭配袜子

配长筒丝袜或连裤袜。

颜色以肉色、黑色最为常用，肉色长筒丝袜配长裙、旗袍最为得体。

袜子要大小合适，袜口不能露在裙摆外边。

不穿带图案的袜子，不穿有破损的长筒袜。不在公众场合整理自己的长筒袜。

应随身携带一双备用的丝袜，以防袜子破洞、勾丝。（图1-49）

图1-49　长筒袜破洞、勾丝

3. 旗袍

旗袍是我国妇女的传统服装,它线条明朗、贴身合体,充分展现了女性的曲线美。现代旗袍更是女士们理想的礼服。选择旗袍,要从年龄、体形、季节等多方面考虑,或庄重文静、典雅大方,或富丽高雅、雍容华贵,或绚丽优美、活泼俊俏。

高贵的旗袍最好是单一的颜色,面料以典雅华丽、柔滑挺括的织锦缎、古香缎和金丝缎为佳。穿旗袍适宜配穿高跟鞋,亦可配穿面料高级、制作考究的布鞋。旗袍的穿着与各种配饰十分讲究,搭配要和谐。注意走姿典雅秀气,以免影响旗袍应有的美感。

4. 内衣

内衣不能外露,颜色不要外透,着浅色外衣应避免穿深色内衣。

5. 鞋子

皮鞋是最适合的职业用鞋。

女士皮鞋的鞋跟有各种高度。低跟鞋:鞋跟高3~5cm,比较舒适、百搭,显高效果也不错,适合长时间穿着。中跟鞋:跟高5~7cm,拉长腿型效果好,但舒适度不如低跟鞋。高跟鞋:跟高7~9cm,有利于拥有挺拔的站姿,但很累脚、伤脚,不适宜长时间穿着。超高跟鞋:跟高超过9cm,穿起来很辛苦,驾驭难度大,一般在重大的场合如红毯晚会等才会穿着。

鞋的颜色应与下装颜色一致或再深一些。中性颜色的鞋,如黑色、藏青色、暗红色、灰色或灰褐色比较容易搭配。工作场合最好不穿红色、粉红色、玫瑰红色和黄色、白色的鞋。

正式场合不要穿凉鞋、绑带鞋或露脚趾的鞋。(图1-50)

图1-50 绑带鞋

6. 女士包

女士包的颜色、款式、材质多样化，要与服装、场合、季节和谐相配。正式场合手提包最好是用皮革制成的。实用易于搭配的颜色是黑色、棕色、暗红色、白色等。（图1-51）

图1-51　女士包

【古代礼仪小知识】

汉服

汉服又称为汉装、华服，是汉民族的传统服饰。近年来，越来越多的年轻人穿起汉服，衣袂翩翩、自信满满地行走在高楼大厦和青山绿水间，不仅丰富了传统节日的文化内涵，也成为当代青年向世人传达中华优秀传统文化的重要符号。

一、汉服的基本形制

"形制"这个词类似于今天所说的"款式"。古代社会将服装作为衣冠制度看待，"形制"一词还含有典章制度的意思。汉服主要有以下几种形制。

1. 衣裳制（上下分裁）

今人所说的衣裳，古人有严格的区别，早期的衣服，上身下身不相连。上衣称"衣"，下衣称"裳"。裳类似于现代的裙，男女都穿，不是裤子。上衣下裳是汉服体系中最古老的形制。上衣为有袖、前开、交领右衽的服装，下裳为多幅布缝合围成桶状，类似现在裙装的服装。其特点是上衣短，下裳长，如天子、诸侯、士大夫在祭祀时穿着的礼服玄端，以及女装的襦裙等。

据考证，商朝时期已出现上衣下裳制，分为常服和礼服。那时，袖较短，裳较窄。西周时，常服仍以上衣下裳为主流。衣裳的款式不变，但逐渐变宽，且袖日趋变大。春秋战国时，常服、礼服依旧是上衣下裳制，日趋精美。大袖在此时只用做礼服。（图1-52）

图1-52 上衣下裳

在中国服装史上，上衣下裳作为华夏服饰的最基础形制，款式很多，其中上衣下裙类的襦裙、衫裙、袄裙是女性的最爱，是最能体现女性柔美风韵的古代套装。

上身穿的短衣和下身束的裙子合称襦裙。襦即短上衣，一般长不过膝，配长裙，还可佩披帛（一种长条形状的巾子，搭在肩上或缠绕在双臂间，一般为薄薄的纱罗裁成，上面有印花或者金银线织成的图案），或加半臂（一种袖长及肘，身长及腰，类似于宽口短袖衣的服装，多穿在衫襦之外）。上襦加下裙，以绳带系扎。

通常认为襦裙诞生于先秦时期，兴起于魏晋南北朝。襦裙直到唐朝前期都是普通百姓（女性）的日常穿着服饰，之后逐渐被衫裙袄裙替代。

襦裙按领子的式样不同，可分为交领襦裙和直领襦裙（对襟襦裙）。按裙腰的高低，可分为中腰襦裙（即齐腰襦裙）、高腰襦裙和齐胸襦裙。按是否夹里的区别，分为单襦和复襦，单襦近于衫，复襦则近于袄。（图1-53、图1-54）

后来襦裙又演变出衫裙和袄裙。作为上衣，襦、衫、袄略有不同，一般而言，衫为单层，袄为复层或夹层；襦可以是单层，也可以是多层，但襦多在腰间分裁，并接有一段"腰襕"，这使女性的腰部线条更加凸显，显得精致而内敛。早期的襦一般较短，仅及腰部，故称"腰襦"或"小襦"。中长襦与衫类似，但是衫较为宽松，襦则较为紧身。

在穿着方式上，襦和衫既可以穿在裙的里面也可以穿在外面。袄因较厚，一般穿在裙子的外面，下摆两侧常有开衩。

古代的襦裙、衫裙和袄裙，色彩斑斓、风格各异，不仅改变了深衣在搭配方面的单一性，还可以修正体型，更能展现女性优雅的体态和特有的魅力。中国历史上的女装尽管千变万化，但上衣下裙的套装始终存在，并在大部分朝代占据着女装的头把交椅。

图1-53　交领襦裙

图1-54　直领襦裙

2. 衣裤制（上下分裁）

中国几千年的农耕文明，农民人口众多，方便行动劳作的衣裤穿着面很广，同时衣裤也是古代军士的主要服装。上衣放在裤子外面，或用腰带系住（图1-55）。古代的裤子，跟我们现在的不一样，早期的裤子，无论男女，只有两条用于保暖的裤腿，所以又称"胫衣"（图1-56），胫就是腿的意思，这种裤子类似于现在的长筒袜。后来裤腿加长至腰部，有了连接两条裤腿的裤腰，但是没有裤裆，也就是"开裆裤"，称为"袴（绔kù）"（图1-57）。开裆的"袴"不能穿在外面，所以外面一定要围以裳。到后来才加上裆部，有裆的裤子被称为"裈（kūn）。"如今人们常用纨绔来形容富家子弟，就是因为纨绔是古代一种用细绢做成的裤子，富贵人家的子弟常穿细绢做的裤子。

图1-55 衣裤

图1-56 胫衣

图1-57 袴的后视图

3. 深衣制（上衣下裳分裁连缝）

因受北方民族服饰的影响，春秋战国时期上衣下裳开始连成一体，这种连体长衣被称为"深衣"。上衣和下裳分开裁剪，在腰部相连。深衣分为直裾（裾指衣襟）和曲裾两大类。直裾深衣的下摆部位垂直下来，穿着时一般会加上皮革或布制的腰带固定，既美观又方便（图1-58）。曲裾深衣的典型特征是"续衽钩边"。"衽"指的是衣襟，"续衽"就是将衣襟加长，"钩边"则是形容绕襟的样式（图1-59）。"续衽钩边"是说用一条加长的衣襟将衣服从背后绕至前襟，将身体紧紧包裹起来，然后在腰部用大带固定（图1-60）。续衽（即加长的那块衣襟）的形状、大小和长短都不固定，有些很短，只绕身一圈；有的很长，可以绕身好几圈。衣襟展开后的形状有倒三角形、半圆扇形、不规则的梯形等。衣服的长度有的拖到地上，有的则刚好遮住大腿。

深衣虽然是把衣、裳连在了一起，但制作时仍然要上下分裁，中间拼缝相连。

秦汉时，上衣下裳制和深衣制并存，但深衣已逐渐代替上衣下裳成为主流。此时裳较之前朝更加宽大。

图1-58 直裾深衣　　图1-59 曲裾深衣　　图1-60 曲裾深衣缠绕图

4. 袍服制（上下通裁）

袍，本是一种简单便服，上下衣一体的大袍子，不分衣和裳，中间无接缝。《诗经·秦风·无衣》中的"岂曰无衣？与子同袍"说的就是秦国士兵在寒冷的夜间相拥取暖，二人互抱，缩在同一件贴身衣袍里。袍在汉以后用作朝服。袍在古代既是一种闲居之服，也常用作官服，风靡于宋代和明代。通裁制的种类很多，如圆领袍、直裰、道袍、褙子、长衫、僧衣等。

直裰是一种宽大而长的上下通裁服装，男子穿着。其后背有一条直通到底的中缝，前襟上也有一条中缝。直裰从宋朝开始就有，两宋时期的直裰多为僧侣穿着，少数文人也有穿着。而到了明朝时期，直裰的款式发生变化，在文人、士大夫中流行（图1-61）。

褙子是从隋唐时期的"半臂"演变来的，是宋代最具代表性的汉族服装之一。流行于宋、明两朝，其样式以直领对襟为主，一般下长过膝，两侧腋下开高衩，即衣服前后襟不缝合，腋下或背后垂有带子，但并不系扎。褙子是宋、明时期女子的常用服饰，逐渐成为后世女子的一种常用服装。褙子男女都可穿，但通常作为女装。男子一般把褙子穿在里面，而女子褙子多罩在其他衣服外穿着，通常需搭配裙子来穿。褙子的形制变化甚多，如直领对襟、斜领交襟、盘领交襟等，袖子有宽窄、短长之分（图1-62）。

图1-61 直裰

图1-62 褙子

二、汉服的形制特征

1. 交领右衽

衽，指衣襟。穿戴时采用"左压右"的形式，左前襟掩向右腋下系带固定住衣襟，将右襟掩覆于内，这种穿戴方式叫做"右衽"。古代汉族服饰大多采用"右衽"，衣襟和衣领是连在一起的，采用"左压右"的穿戴形式，会使衣襟在胸前交叉形成特有的"y"字领型，这便是"交领"。（图1-63）

图1-63 交领右衽

2. 上衣下裳

汉服上衣下裳的款式主要有两种：一种是上衣和下裳分离的形式，另一种是衣裳连在一起的深衣制。这种形制的汉服属于常服，社会各个阶层都可以穿。

3. 宽衣大袖

典型的汉服袖子既宽且长，用料远大于覆盖人体的需要。不过大袖只是一个主要特点，具体也分多种袖型，形状和宽度各异。

汉服的衣袖有窄袖和大袖两种，礼服主要采用大袖，小袖主要出现在便服和常服中。宽而长的大袖体现了汉服的魅力。这种宽而大的礼服不仅具有透气、遮阳的功能,而且还能体现出潇洒飘逸、大气华贵的风度。也有一些汉服是窄袖和短袖的,收口比较紧小,不仅保暖性好,而且行动比较方便,适合劳动人民和军队将士穿戴。

4. 系带为主

现代服饰大多使用扣子,而汉服是不靠扣子固定的,主要是通过衣服上的带子进行打结而固定的,有人将其叫做"隐扣",这种将扣子隐藏起来的系衣方式使服饰美观整洁。在汉服的腰间还有两对大带,在左侧腋下和右侧腋下分别有一条,分别与右衣襟的带子和左衣襟的带子打结,可以更好地固定衣服,还能起到良好的装饰作用。

但汉服并非完全隐扣,汉服有时也用扣子,例如唐圆领领口使用纽襻扣、明制常见的对襟和立领用子母扣。

第二部分
社交礼仪

上编　社交基础礼仪

社交礼仪是人们在社会交往中用于表示尊重、亲善和友好的行为规范和惯用形式,是人们经常使用的日常礼节。掌握规范的社交礼仪,能够为交往创造和谐的气氛,建立、保持和改善人际关系,为我们的工作顺利和人生幸福创造条件。

第一节　招呼寒暄——愉快交流　称呼开头

一、致意

致意是用礼节性的举止向他人表达问候,通常用于熟人见面、迎来送往或被引见时。致意是一种不出声的问候,它是随着生活节奏的加快而流行的一种日常人际交往中使用频繁的见面礼。

致意的基本规则是男士先向女士致意,晚辈先向长辈致意,未婚者先向已婚者致意,学生先向老师致意,职位低者先向职位高者致意。女士在遇到长辈、老师、上司和特别尊敬的人以及见到一群朋友时,需首先向对方致意。当然,在实际交往中不应拘泥于以上的顺序原则。遇到别人向自己致意,应使用相同的方式回应对方。

致意的方式多种多样,常用的有五种:

1. 举手致意

适用于向较远距离的熟人打招呼。通常不必出声,抬起右臂,掌心朝向对方,轻轻摆一下手即可,不要反复摇动。(图2-1)

2. 点头致意

一般用于不宜交谈的场所，如在会议、会谈进行中，与相识者见面点头为礼。点头致意的方法是头微微向下一动，幅度不大。

3. 微笑致意

可用于与不相识者初次会面之时，也可以用于向在同一场合反复见面的朋友打招呼。微笑致意经常与其他致意方式结合使用。

4. 欠身致意

致意者站着或坐着时都可使用。在目视对方的同时，身体上部微微前倾15°，以表示对对方的尊敬之意。如果处于坐姿，在上身前躬的同时臀部轻起离开座椅。（图2-2）

图2-1 举手致意

图2-2 欠身致意

5. 脱帽致意

戴着礼帽或其他有檐帽的男士，遇到友人特别是女士时，应微微欠身，用距对方稍远的一只手摘下帽子，将其置于大约与肩平行的位置，同时与对方交换目光。离开对方时，脱帽者才可以使帽子"复位"。若在室外行走中与友人迎面而过，只要用手把帽子轻掀一下即可。如要停下来与对方谈话，则要将帽子摘下来拿在手上，等说完话再戴上。男士向女士行脱帽礼，女士不行脱帽礼，而以其他方式向对方答礼。

上述几种致意方式，在同一时间对同一对象可以用一种，也可以几种并用，根据自己对对方表达友善恭敬的程度而定。

二、称呼

称呼是与人交往、互动的必要环节，与人交流的第一步就是合适的称呼。称呼看似简单，却蕴藏着学问和智慧。一不小心很容易闹笑话，甚至造成不良后果。（图2-3）

图2-3 称呼不当

（一）称呼的原则

称呼别人多用敬语，称呼自己或者家人则常用谦称。

称呼他人就高不就低。例如对方姓张，是副主任，在称呼时可以叫他"张主任"而不必称张副主任。同行之间即便不是师生关系也可以互称老师。

根据不同场合选择恰当的称呼。生活中的称呼应当亲切、自然、准确、合理，在工作中或正式场合，则要求庄重、正式、规范。

入乡随俗。各地风俗、方言各不相同，导致称呼也存在差别。如各地对年轻女性的称呼就很具有地方特点。在东北，称呼年纪比较小的女孩子为"老妹儿"；称呼年龄比自己小的女士"妹子""大妹子"。重庆话称呼年轻女孩子叫"妹儿""幺妹儿"。广东常用"靓"称呼女性，意为美丽、漂亮的意思，如"靓妹""靓女"。青岛对年轻的小姑娘昵称"小嫚"。湖南用"细妹子"指年纪较小的女孩儿。山西人称年轻女孩子"女娃"。河南人对年纪比较小的女孩子昵称"妞儿"，长辈称呼晚辈女孩"妮儿"。又如有些地方称别人为老师，虽然对方并非老师，但人们对于老师这个表达尊敬的称呼是乐于接受的。

（二）称呼的种类

1. 姓名称

如张志强、红梅、小杨、老赵等。一般用于生活中或非正式场合对同事等。

2. 泛称

如女士、小姐、先生、小妹、大姐、大哥、大爷等。女士、小姐、先生常用于社交和公务商务场合，其他称呼多用于生活中。

3. 职业称

如王老师、肖律师、韩会计等。

4. 职务称

称呼职务或者姓氏+职务，如董事长、赵经理、张院长、孙林主任（姓名加职务用于很正式的场合）。

5. 职衔称

受尊重的学位学术称号、专业技术职称、军衔等，如教授、陈工（即陈工程师）、将军，多用于工作中。

（三）称呼的禁忌

（1）错误的称呼。如说错对方信息，包括姓名、职务等。一些汉字作为姓氏的特殊读音读错，如单、区、仇，用作姓氏分别应读作"shàn""ōu""qiú"，如果读成"dān""qū""chóu"就错了。

（2）滥用不通用的称呼。如有的地方爱称他人为"师傅"，但"师傅"其实并不适合用来称呼所有人。

（3）俗气的称呼。如正式场合称对方哥们儿、姐们儿。

（4）绰号。正式场合不能称呼别人的绰号或小名儿，显得不够庄重，尤其是绰号，很多都带有取笑、讽刺甚至侮辱别人的意味，会给别人带来伤害。（图2-4）

图2-4　称呼未看场合

（5）易被误解的称呼。北方有些地方爱称他人为"伙计"，含有合作者或哥们儿的意思，但在某些地方，"伙计"指的是店员或打工者。

（四）敬称与谦称

中国是历史悠久的礼仪之邦，汉语中有许多流传下来的敬辞、谦辞。敬辞，即表示对别人敬重的词语；谦辞，是用于自我表示谦恭的词语。准确使用敬辞和谦辞不仅是礼仪的需要，还可体现一个人的文化修养。敬辞、谦辞中相当一部分是敬称和谦称。

1. 敬称

敬称又叫尊称，是表示尊敬对方的称谓。

"令"字一族。用于称对方的亲属或有关系的人。如令尊：对方的父亲；令堂：对方的母亲；令郎：对方的儿子；令爱、令媛：对方的女儿；令兄：对方的兄长；令弟：对方的弟弟；令侄：对方的侄子。

"大"字一族。尊称对方或称与对方有关的事物。如大伯：除了指伯父外，也可尊称年长的男人；大哥：尊称与自己年龄相仿的男人；大姐：尊称年龄较大的女性；大妈、大娘：尊称年长的妇女；大爷：尊称年长的男子；大人（多用于书信）：称长辈；大驾：称对方；大名：称对方的名字；大作：称对方的著作；大札：称对方的书信。

"贵"字一族。尊称与对方有关的事物。如贵干：问人要做什么；贵庚：问人年龄；贵姓：问人姓；贵恙：称对方的病；贵子：称对方的儿子（含祝福之意）；贵国：称对方国家；贵校：称对方学校。

"老"字一族。用来尊称别人，有时特指老年人。如老伯、老大爷、老太爷：可尊称老年男子；老前辈：尊称同行里年纪较大、资格较老、经验较丰富的人；老兄：尊称男性朋友；老总：尊称企事业第一把手。

"贤"字一族。用于称平辈或晚辈。如贤弟：称比自己年龄小的男性；贤侄：对侄辈年轻人的美称。

"高"字一族。称别人的事物。如高见：高明的见解；高就：旧指人离开原来的职位就任较高的职位，现常用于问别人在哪里工作；高龄：称老人（多指六十岁以上）的年龄；高寿：用于问老人的年龄；高足：称呼别人的学生；高论：称别人的言论。（图2-5）

"玉"字一族。用于对方身体或行动。如玉体：称对方身体；玉音（多用于书信）：尊称对方的书信、言辞；玉照：称对方的照片；玉成：成全。

"芳"字一族。用于对方或与对方有关的事物（多用于年轻女子）。如芳龄：称对方的年龄；芳名：称对方的名字。

图2-5 敬称

2. 谦称

谦称是对自己以及与己方有关的人与事的谦逊的自称。

"家"字一族。用于对别人称自己的辈分高或年纪大的亲戚。如家父、家尊、家严、家君：称父亲；家母、家慈：称母亲；家兄：称兄长；家姐：称姐姐；家叔：称叔叔。

"舍"字一族。用于对别人称自己的辈分低或年纪小的亲戚。如舍弟：称弟弟；舍妹：称妹妹；舍侄：称侄子；舍亲：称亲戚。

"小"字一族。谦称自己或与自己有关的人或事物。如小弟：男性在朋友或熟人之间谦称自己；小儿：谦称自己的儿子；小女：谦称自己的女儿；小人：地位低的人自称；小生（多见于早期白话）：青年读书人自称；小可（多见于早期白话）：谦称自己；小店：谦称自己的商店。

"老"字一族。用于谦称自己或与自己有关的事物。如老粗：谦称自己没有文化；老朽：老年人谦称自己；老脸：年老人指自己的面子；老身：老年妇女谦称自己。

"愚"字一族。用于自称的谦称。如愚兄：向比自己年轻的人称自己；愚见：称自己的见解。也可单独用"愚"谦称自己。

"拙"字一族。用于对别人称自己的东西。如拙笔：谦称自己的文字或书画；拙著、拙作：谦称自己的文章；拙见：谦称自己的见解。

"敝"字一族。用于谦称自己或跟自己有关的事物。如敝人：谦称自己；敝姓：谦称自己的姓；敝处：谦称自己的房屋、处所；敝校：谦称自己所在的学校。

"鄙"字一族。用于谦称自己或跟自己有关的事物。如鄙人：谦称自己；鄙意：谦称自己的意见；鄙见：谦称自己的见解。

寒舍：谦称自己的家；犬子：称自己的儿子。（图2-6）

图2-6 谦称

三、寒暄

寒暄,是人们会面时的开场白,是交谈的序曲与铺垫。寒暄虽不一定具有实质性内容,但能够使见面时的气氛变得活跃,缩短人际距离,增加彼此的亲切感,引起交谈的兴趣。常见寒暄方式如下。

1. 问候式

"你(您)好!"
"最近忙吗?"
"你读几年级了?"
"又有新作品问世了吧!"
"家里人都好吧!"
"老太太身体还硬朗?"
如果你和问候的对象关系比较亲密,问候可以更有针对性,如:
"今天身体舒服些了吗?"(对病人)
"你的吉他练得怎么样了?"(对朋友)
"出差刚回来吗?"(对同事)

2. 夸赞式

"小钟,在哪儿买的连衣裙?真漂亮!"(对女性)(图2-7)

"哟,换新发型了,够精神!"(对朋友或同事)
"瞧你(您),真是越活越年轻了!"(对中老年人)
"你这两天气色真好!"(对初愈的病人)
"几个月不见,看你更苗条了!"(对女性)
"小朋友真可爱!"(对小孩子)

图2-7 夸赞式寒暄

3. 触景生情式

指针对具体的交际场景而发出的寒暄,现场的环境,对方正在做什么事、刚完成什么事或即将做什么事,都可以成为寒暄的内容。如:

"这公园的花儿真漂亮!"
"哟,今天这么忙呀,这么晚才下班!"(对邻居)
"今天买了这么多好菜?"(对邻居)
"好用功啊!"(对学生)
"您老去打门球了?"(对老人)
"今晚又加班?"(对同事)

4. 敬慕式

在学术会议、交流会等场合,对初次见面者常用"久仰大名""拜读过您的大作""很高兴见到您"等寒暄语。

【古代礼仪小知识】

古人的姓、名、字、号

与现代人相比,古人的名字相对比较复杂。我们现在只有姓和名,名字是一个整体,即姓名。而在古代,"名"与"字"是有区别的。古人除了有姓、名,还有字,有的甚至还有号。比如唐代诗人白居易,姓白,名居易,字乐天,号香山居士。这四种信息符号是在不同时候由不同的人取的,来历不同,作用也不同,相互之间还往往有关联。

姓　古代的姓和氏是分开的。姓是区别血缘的,是宗族的根本族号,所代表的是氏族的血统,是源于同一女性始祖的具有共同血缘关系的族属所共有的符号标志。孩子的姓在出生以前就决定了。而氏是姓的分支,是源于同一父性始祖的被分出去的各支系的开氏始祖的符号标志。上古时期是母系社会,母亲地位最高,"姓"就是表示你是哪个部落的女子所生,表示母系血缘关系的代际传递,所以姓这个字是一个"女",加一个"生"。而最开始的姓,也都是带女字旁的,如姬、姜、姒、嬴、妘、妫、姚、妊等。所以,姓表示的是母亲的区别。随着生产力的提高和同姓人口数量的不断增加,在同姓部落内部,出现了用"氏"来对小一些的族群加以区分的方式。一些男子有了自己的封地,便以自己的封地为氏,比如封到商,就是商氏。或者这个地方有很多的马,就叫马氏。有姓有氏,就说明这个人是在同姓当中有相当的身份、地位的人,为了表示尊贵,他们以及后代都称自己的氏。后来,氏的来源形式越来越多,例如同一个家族可以居住的地方为氏,也可以族长的官职为氏等,氏越来越普遍,姓和氏慢慢就融合到了一起,很多原来的氏便成了新产生的姓，并一直沿用至今了。

名　"名"是人名，婴儿出生后要由父母为其取名。

字　古人成年时另取一个与其名涵义相关的别名，称之为字，以表其德，后称字为"表字"。"字"是体现一个人的德行的，且大都与"名"在意义上相关联。如屈原，"原"是高而平的地方，所以字"平"，又如岳飞字鹏举。男子20岁举行冠礼时由正宾为其取一个表字，标志着男子要出仕，进入社会。女子十五岁举行笄礼，正宾也会为其取字，表示女子长大成人可以婚嫁了。

根据《礼记·檀弓》上的说法，人成年后，需要受到社会的尊重，同辈人直呼其名显得不恭，于是需要取一个字，用于在社会上与别人交往时使用，以示相互尊重。古人在成年以后，"名"一般用作自己谦称、卑称，或上对下、长对少的称呼。而"字"才是用来供社会上的人称呼的。

古人称呼他人的字，是一种表示尊敬对方的称呼，例如唐代大诗人李白，字太白，人称李太白；清代学者纪昀字晓岚，人称纪晓岚。平辈之间，应当相互称字，除非在非常熟悉的情况下才互称其名，否则就是不礼貌的表现。下对上可以称字，但绝对不能称名，尤其是君主或长辈的名，更是不能提及。

古人取字十分讲究，但也有一定的规律可循。周代的表字，首字表示排行，用伯（孟）、仲、叔、季表示；末字"甫"，或作"父"，是对男子的尊称；中间的"字"，一般与"名"的字义有联系。比如，孔丘，字仲尼父，仲是排行，尼与丘对应，丘是山丘，尼是尼山，是孔子出生的地方，末字可以省略，所以我们常说孔子名丘，字仲尼。

现代人家里的兄弟姐妹排行一般都用老大、老二、老三、老四表示，但是在先秦时期，人们以"伯（孟）仲叔季"确立兄弟之间排行的顺序。古代晚辈称呼长辈时，如果是父亲的哥哥，就称作伯父，父亲的大弟称为仲父，仲父下面的弟称为叔父，父亲最小的弟弟称为季父。

号 "号"一般由自己取定，根据自己的处境、心情、志趣而定，一般用于自称，称别人的号也是一种敬称，是名、字之外的尊称和美称。有号的人多是一些圣贤雅士，如陶渊明号"五柳先生"、李白号"青莲居士"、杜甫号"少陵野老"、苏轼号"东坡居士"等。人们不仅用"号"来互相称呼，还用其作为自己文章、书籍、字画的署名。陆游，字务观，号放翁，人称"陆放翁"，他的文集名为《陆放翁集》。

第二节　介绍礼仪——增进了解　广交朋友

平时在工作与生活中，与别人见面时，离不开相互介绍。做介绍记住几点：谁先做介绍，顺序很重要。尊者先了解，对方先介绍。内容多与少，目的和需要。起立有表情，互动感觉好。（图2-8）

图2-8　介绍的必要性

一、介绍的顺序

做介绍应遵循"尊者先了解,对方先介绍"的原则,即让尊者优先了解对方的情况,对方先做介绍或者先被介绍。而哪一方是尊者,应根据不同场合按照不同的标准来确定。社交场合,可依据性别(女士为尊)、长幼(长者为尊)、辈分(辈分高者为尊)、婚否(已婚为尊)、师生(老师为尊)、到达顺序(先到为尊)来确定;而公务、商务场合则以身份、地位高者为尊;主人与客人间客为尊。

二、介绍的种类

介绍大致有自我介绍、他人介绍、介绍集体三种。

1. 自我介绍

恰当的自我介绍,不但能增进他人对自己的了解,而且还能创造出意料之外的商机。进行自我介绍,时间要简短,在正式场合常和名片结合使用,先递名片,再做介绍。

自我介绍一般有以下三种模式。

寒暄式。也叫应酬式,不想深交,只报姓名。

公务式。比较正式,通常应具备四要素——姓名、单位、部门、职务。具体工作部门有时可以暂不报出。有职务最好报出职务,职务较低或者无职务,则可报出目前所从事的具体工作。如:"我叫张刚,是天地通信公司的客户经理。""我叫李云,在宏达商贸公司做客户接待工作。"

社交式。希望与对方进一步交往,可介绍多一些,如姓名、职业、籍贯、老家、爱好、双方共同认识的人等。(图2-9)

图2-9 自我介绍

2. 他人介绍

（1）介绍人的选择

通常担任介绍人的有：社交活动中的东道主；社交场合中的长者；家庭聚会中的女主人；公务活动中的公关人员（礼宾人员、文秘人员、接待人员）等。如果来了重要客人，应由本单位的最高领导担任介绍人，表示对客人的尊重。

（2）介绍的顺序

介绍上级与下级认识时，先介绍下级，后介绍上级。

介绍公司同事与客户认识时，先介绍公司同事，后介绍客户。

介绍非官方人士与官方人士认识时，先介绍非官方人士，后介绍官方人士。

介绍长辈与晚辈认识时，先介绍晚辈，后介绍长辈。

介绍年长者与年幼者认识时，先介绍年幼者，后介绍年长者。

介绍女士与男士认识时，先介绍男士，后介绍女士。

介绍已婚者与未婚者认识时，先介绍未婚者，后介绍已婚者。

介绍同事、朋友与家人认识时，先介绍家人，后介绍同事、朋友。

介绍来宾与主人认识时，先介绍主人，后介绍来宾。

介绍与会先到者与后来者认识时，先介绍后来者，后介绍先到者。（图2-10）

图2-10　他人介绍

3. 介绍集体

介绍集体,是指被介绍一方或双方不止一人的情况。其基本规则是:介绍双方时,同样是尊者先了解,对方先被介绍,即后介绍尊者。确定尊者可以从双方关系、规模、实力大小(规模大、实力强者为尊)来判断,若实力相当可以从到场人数多少(人数多的一方为尊)等来判定。

要注意的是,在介绍一方内部的成员时应当先介绍尊者。

三、介绍的举止

做自我介绍或者被介绍时一般应站立(长者、宴会或会谈桌上可以坐在座位上,微笑点头示意)。

介绍人:手心向上,四指并拢,指向被介绍人,向另一方点头微笑。

被介绍人:目视对方,真诚问候。(图2-11)

图2-11 介绍的举止

第三节　握手礼仪——传递温度　感受尊重

握手,是当今见面时最常用的礼节。行握手礼是一个并不复杂却又有点微妙的问题。因不懂握手规则而遭遇尴尬是谁也不想遇到的。(图2-12)

图2-12　谁先伸手

一、握手要领

1. 尊者先伸手

确定尊者看场合。公务场合以身份、地位高者为尊;社交休闲场合可依据性别(女士为尊)、长幼(长者为尊)、辈分(辈分高者为尊)、婚否(已婚为尊)、师生(老师为尊)、到达顺序(先到为尊)来确定;主人与客人间客为尊。

但作为尊者,当对方主动伸手时,尊者也应与之握手,避免对方尴尬。

(1)公务场合,职位、身份高者先伸手。(图2-13)

图2-13 公务握手

（2）在社交休闲场合，谁先伸手取决于年纪、辈分、性别、婚否等。（图2-14）

女士与男士握手，女士先伸手。

已婚者与未婚者握手，已婚者先伸手。

年长者与年幼者握手，年长者先伸手。

长辈与晚辈握手，长辈先伸手。

先到者与后来者握手，先到者先伸手。

图2-14 社交握手

（3）主客间

迎客时，主人先伸手以示欢迎。（图2-15）

送客时,客人先伸手以示道别。(图2-16)

图2-15 迎客握手　　　　　　　图2-16 送客握手

(4) 与多人握手

先握尊者,或由近而远,或顺时针方向依次进行(在社交场合尤其宴会桌上实行)。

2. 注意姿势

标准握手姿势(垂臂式)动作要领:站立(年老体弱或残疾行动不便者可坐着),距对方约一步远,上身稍前倾,左手自然下垂于体侧,伸右手,四指并拢,指尖稍下斜。双方虎口相对,手掌相握。男士与女士握手时一般握女士手指部分,力度较轻。女士注意不能只用四指而拇指不参与,也不能只用指尖,以免给人傲慢或缺乏诚意之感。(图2-17、图2-18)

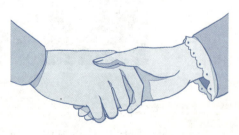

图2-17 男士握手　　　　　　　图2-18 女士握手

3. 掌握好力度与时间

力度适中，持续3～5秒钟，可上下摇晃几次。

4. 表情加问好

先打招呼再握手，微笑注视对方并问候。

二、几种不同的握手方式

（1）垂臂式（平等式）：标准握手方式，最常用。右手相握，左手自然下垂。尤其适用于与初次见面或交往不深的人握手。（图2-19）

（2）拍肩式：上级对下级、长辈对晚辈表示亲切。（图2-20）

（3）拍臂式：适合于平辈的亲朋好友或感情密切者，不适合初识者和异性间。（图2-21）

（4）抱握式：双手握对方的一只手。用右手握住对方的右手，左手握住对方右手的手背。可用于向对方表示特别的热情或尊敬，或者用于安慰某人。如领导人看望德高望重的科学家、毕业典礼上学生与领导或恩师握手等。此方式不适合一般的初次见面者。（图2-22）

图2-19　垂臂式

图2-20　拍肩式

图2-21 拍臂式

图2-22 抱握式

三、握手禁忌

用左手与人相握。

用脏手或湿手与人相握。若对方伸手而自己无法握手,应礼貌说明原因。

戴着手套握手。在社交场合女士的晚礼服手套除外。

戴着墨镜握手。患有眼疾或眼部有缺陷者可例外。

握手时将另一只手插在衣袋里。

握手时另一只手依旧拿着香烟、报刊、公文包等东西而不放下。

握手时面无表情,也不说话,显得冷漠。

心不在焉与旁边人交谈,应付敷衍。

握手时长篇大论,点头哈腰,过分热情,让对方不自在、不舒服。

与人握手之后,立即揩拭自己的手掌。

过度用力,或久握不放,或摆动过大,尤其是与女士握手时。

多人握手时不讲顺序,交叉握手,不仅显得混乱,而且有不吉利之嫌。(图2-23)

图2-23 交叉握手

【古代礼仪小知识】

古人见面礼——作揖、拱手礼

古代人们见面时,有多种礼节,如作揖、拱手等,其中拱手至今还时有使用,如见面时表达友善、春节向亲朋好友拜年,或用于向长辈祝寿,向平辈恭贺结婚生子、乔迁晋升等。

1. 揖礼(作揖)

揖礼是指双手交接,配合两臂的上下左右等方向性动作,并俯身。(图2-24)

图2-24 作揖

2. 拱手礼

(1)身体姿势

双腿站直。对平辈:身体直立,晃动手势;对长辈:身体微俯,晃动手势。(图2-25、图2-26)

图2-25 对平辈拱手　　　图2-26 对长辈拱手

（2）手姿

拱手礼即双手合抱向对方行礼，并致以问候或祝福、感谢的话语。

古代汉族揖礼与拱手有吉拜和凶拜之分，要注意男女左右手的区分。

男士。右手五指屈拢握虚拳，略有空隙，左手加于右手之上，手心向下，形成一个拱形，在额头之下、胸部之上位置，晃动两三下行礼，此称为吉拜。若左手在内，右手在外，则为凶拜，乃行凶丧之礼时用。（图2-27）

女士。左右手与男士相反，手心也可略开一些。（图2-28）

图2-27　错误手姿　　　图2-28　男女手姿

（3）对单人和多人行拱手礼

拱手礼可对单人或多人行礼。身体姿态视现场情况及身份所定。对单人行礼，目视对方，手向对方晃动。对多人行礼，身体随着手势的晃动转向周围的人，可对每个方向的人晃动手势两三次。对全场行礼，可左中右各晃动手势两三次。

拱手礼视情况站坐都可行礼。距离远近皆可用，若距离较远，手可适当抬高遥祝，宁高不低，不能低于胸。

第四节 名片礼仪——收发存放 皆有章法

现代社会,联系业务、结交朋友,互留名片往往成为初次相识时不可缺少的程序。交换名片是新朋友自我介绍、相互认识的快速有效的方法。然而在人际交往中,这些小小的卡片却往往会使人们不知所措。那么该如何使用名片,交换名片时又该注意些什么呢?

一、名片的准备

名片不要和钱包、笔记本等放在一起,原则上应该使用名片夹。(图2-29)

名片夹可置于西装内袋或公文包、手提包里。

名片可放在上衣口袋,但不可放在裤兜里,尤其避免由裤子后方的口袋掏出。

要保持名片或名片夹的清洁、平整。

随身携带名片夹,公文包、办公室抽屉常备名片。

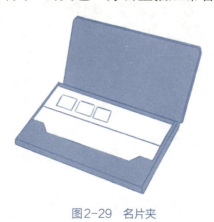

图2-29 名片夹

二、递名片

1. 递名片的顺序

由哪一方先递名片呢？恰当的做法是：先低后高（尊者）、先客后主。

由下级或访问方先递名片，如进行介绍时，应由先被介绍方递名片。有上级在场时下级不要先向他人递名片，要等上级递出名片后才能递出自己的名片。

需要分发给多人时，先递给尊者，或按座位由近而远的顺序，在圆桌上可以顺时针为序。

2. 递名片的方法

（1）注意正反面和文字方向

名片的正面显示单位、姓名、职务、联系方式，反面（背面）显示业务项目和范围。递名片时要区分名片的正反面并注意文字的倒顺。名片正面朝上，文字要正向对方，方便对方阅读。（图2-30、图2-31）

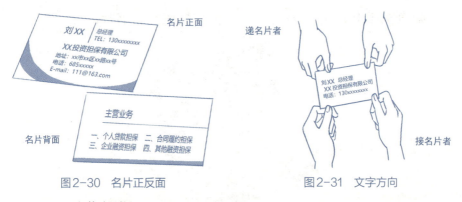

图2-30　名片正反面　　　图2-31　文字方向

（2）动作规范

双手（或右手）捏住名片的两个或一个角递给对方，勿用食指和中指夹着名片给人，也不能单用左手。双手食指和拇指执名片的两角，一边自我介绍，一边递过名片。

（3）语言配合

注意称呼问候和敬语："认识您真高兴""请多指教"等。（图2-32）

图2-32 递名片

三、接名片

起身双手接过对方递过来的名片，以示尊重和礼节。

认真浏览名片，可轻声念出对方名字。（图2-33）

避免当面在对方的名片上书写不相关的东西。

不可来回摆弄接收的名片或无意识地玩弄对方的名片。

图2-33 浏览名片

四、收存名片

接过名片要精心放入名片夹或其他不易褶皱的地方，如上衣口袋里、公文包或手提包里。

接受名片后，不宜随手置于桌上，不能扔在一边，或者随意放在衣兜里，更不能放在裤袋中。

不要将对方的名片遗忘在座位上，或存放时不注意落在地上。

收好名片后回赠对方名片。

五、索取名片

索取名片不宜过于直截了当，尤其是面对尊者。可以采用下面几种办法。

1. 交易法

把自己的名片先递给对方。所谓"来而不往，非礼也"，当你把名片递给对方时，对方不回赠名片是失礼的行为，所以对方一般会回赠名片给你。

2. 谦恭法

在索取对方名片之前，稍做铺垫，以便索取名片。比如见到一位计算机专家你可以说："认识您非常高兴，虽然我玩电脑已经四五年了，但是与您这种专业人士相比相形见绌，希望以后有机会能够继续向您请教，不知道以后如何向您请教比较方便？"谦恭法一般是对地位高的人。

3. 联络法

面对平辈和晚辈时，可采用联络法。如："认识您太高兴了，希望以后有机会能跟您保持联络，不知道怎么跟您联络比较方便？"

【古代礼仪小知识】

古代的"名片"

名片是现代人日常交往的媒介之一,其实,两千多年前的古人也有"名片"。

在我国,至少在秦末汉初,就开始出现最早的名片——"谒"。《史记·高祖本纪》里有一段有名的故事,说的是单父人吕公与沛县县令要好,为躲避仇人投奔到县令这里,于是就在沛县安了家。沛县的豪杰、官吏们听说县令有贵客,都前往祝贺。萧何当时是县里的主吏,负责这次接待收礼事宜,他定下规矩,那些送礼的宾客们,出贺礼钱一千钱以上的,坐堂上;千钱以下的,坐堂下。汉高祖刘邦当时是一个小小的亭长,他平素就看不起这帮官吏,于是在觐见的"谒"上谎称"贺钱一万",其实他一个钱也没带。谒递进去了,吕公看见高祖大为吃惊,赶快起身,到门口去迎接他。吕公这个人,喜欢给人相面,看见高祖的相貌,就非常敬重他,把他领到堂上坐下。《释名》曰:"谒,诣也;诣,告也。书其姓名于上,以告所至诣者也。"这"谒"就是最早的名片了。

所谓"谒",就是拜访者把姓名、籍贯、官爵等介绍文字写在竹片或木片上。"谒"通常是下级对上级、晚辈对尊长通名时用的名片,平时在亲朋同僚之间使用的是一种比较简易的名片,叫做"刺"。刺的出现比谒略晚,但到东汉时也已十分流行了。由于刺比谒更轻巧、灵便、实用,于是刺逐渐取代了谒。隋唐以后,纸张普及了,名刺不再使用竹木片,而改用纸来书写了,于是,它的名称也就逐渐改称为"名帖"了。唐宋时期,下级官吏晋见长官或者和文人交往时常使用的名帖叫"公状",私人间交往则常用"门状"。

　　在古代中国，官员、商贾、文人相互拜访时喜欢呈递名刺，叫做"投刺"之礼，此风气在明清时期最为鼎盛。清朝是中国封建社会的终结，由于西方的不断入侵，我国与外界交往增加了，和国外的通商也加快了名片普及。清朝才正式有了"名片"的称呼。民国时期，中国开始与西方进行大量商业交往，西方的名片也随之带入中国，中国人的名片也摆脱了用笔书写的旧形式而采用印刷的方式。

第五节　交谈礼仪——用心倾听　有效沟通

　　交谈是人们进行交往的重要方式。人们在办公场所交换工作意见，在花前月下交流思想感情，在汽车、火车上传递各地信息……人际交往离不开交谈。善于交谈者，常能得心应手，如愿以偿；若交谈不得法，则有可能"碰钉子"甚至坏事。因此，为了使交谈获得最佳效果，应掌握交谈技巧，重视交谈礼仪。

一、语言文雅

　　语言是人类的交际工具，是人们表达意愿、思想感情的媒介和符号。语言也是一个人道德情操、文化素养的反映。在与他人交往中，如果能做到言之有礼，谈吐文雅，就会给人留下良好的印象；相反，如果言语粗俗，甚至恶语伤人，则会令人反感讨厌。无论使用普通话还是方言，咬字要清晰，音量要适度，以对方听清楚为原则，语调要平稳，使听者感到亲切自然。

1. 习惯使用文明用语

问候语——你好，您好。见面先问好。

请求语——请。需要别人帮助、理解、支持、配合要先说"请"。

致谢语——谢谢。别人帮助我、理解我、支持我之后要说声谢谢（特别是收费性服务的岗位）。

抱歉语——对不起。怠慢了别人、伤害了别人、给别人添了麻烦要说声抱歉或者对不起，这是一种教养，礼多人不怪。

道别语——再见。

2. 恰当运用雅语

初次见面说"久仰"，好久不见说"久违"，请人原谅说"包涵"，求人帮忙说"劳驾"，向人提问说"请教"，请给方便说"借光"，归还物品说"奉还"，未及迎接说"失迎"，请人赴约说"赏光"，请人勿送说"留步"，对方到场说"光临"，接受好意说"领情"，问人姓氏说"贵姓"，请人批评说"指正"，请改文章说"斧正"，求人指点说"赐教"，致谢请托说"鼎力"，请人协助说"费心"，祝人健康说"保重"，向人祝贺说"恭喜"，老人年龄说"高寿"，身体不适说"欠安"，自己住家说"寒舍"，他人家宅称"府上"，送礼给人请"笑纳"，送人照片说"惠存"，对方赠与说"惠赠"，对方来信说"惠书"，欢迎购买说"惠顾"，希望照顾说"关照"，恭请决定说"钧裁"，接受教益说"领教"，谢人爱护说"错爱"，书信结尾说"敬礼"，问候教师说"教祺"，致意编辑说"编安"。

3. 避免用错词语

用词要注意使用对象，如鼎力相助，是说对方支持帮助自己，不能用于说自己。

"聆听"与"垂听"。聆听是说自己用心地听别人，不能说请别

人聆听自己说话。而"垂听"表示别人尤其是长辈或上级听自己说话。(图2-34)

"惠存"与"惠赠"。"惠存",以物赠人,望对方存留的谦辞。多用于送人相片、书籍等纪念品时题字,"惠存"前面不再加"请"字,如:某某先生惠存。"惠赠",指对方赠予自己物品,如:此书为某某老师惠赠。不能用于说自己赠送别人东西。

图2-34　误用词语

二、注重交谈礼仪

1. 态度真诚

与人交谈时,首先要做到态度诚恳、谦虚。真诚是交流成功的前提,谦虚是赢得好感的利器。

2. 注意谈话内容和语言

谈话内容要简明扼要,语言表达要准确、精练、通俗易懂,便于对方理解。

3. 注意眼神表情

两个人面对面交谈时少不了眼神的交流。双方目光应是自然、柔和、友善的,而不要目光直直地紧盯着对方,使对方感到不自然。

说话是用来向人传递思想感情的,说话时的神态、表情都很重要。与长辈、领导交谈时,目光流露出尊敬的神情;与同事、朋友交谈时,目光应流露出友好的神情;与爱人交谈时,目光充满温情。与不幸者交谈时,流露出同情的目光。当你向别人表示祝贺时,如果嘴上说得十分动听,而表情却是冷冰冰的,那给对方的感觉是你只是在敷衍而已。

4. 保持适当的距离

双方既不要相距太远,给对方以冷落感;也不要靠得太近,使对方有压抑感。恰当的距离便于双方自由自在地交谈。一般说来,与陌生人交谈时,两人的间距大于1米;与熟人交谈时,相距0.8米左右;与亲人亲友交谈时,距离0.5米左右,有时还可以更近些,甚至亲密无间地"交头接耳"。

5. 区别对象

与不同的人交谈时,交谈话题、用语、风格要有所区别。例如,与股民聊股市行情,对方会兴趣盎然;与球迷谈足球大赛,对方会眉飞色舞;与农民朋友唠家常,不必讲文绉绉的话;同文化界人士聊天,宜使用文雅的语言;与性格豪爽者谈话,不妨畅所欲言,直来直去;和作风稳健者交谈,注意遣词造句,力求言简意赅。

6. 适度的肢体语言

与人交谈时,根据需要可以借助一些肢体动作辅助表达或增强感染力,但手势的幅度不宜过大,动作不要太多,也不要做一些不必要的小动作,如摆弄衣角、甩头发等。切忌对别人指手画脚,以免引起误会。此外,与长辈、师长、上级交谈时,要尤其注意,尽量少做手势,不要把手背在身后或插在口袋里。

7. 善于互动

谈话时不要唱"独角戏",要给别人说话的机会。注意察言观色,注意对方情绪,做到良性反馈,有效沟通。

三、做一个好的听众

人们通常很重视说话表达的技巧,却往往忽略了倾听的重要性。其实一个好的听众是很受欢迎的。

(1)要有耐心,不随意打断对方。如果不尊重对方,使对方不能充分表达自己的意思,易引起反感,同时也不利于听话人正确全面把握说话人的意思。(图2-35)

(2)少说多听,不要总是补充对方,显示自己懂得很多。

(3)听话要专心,有反馈。

(4)尽量少纠正对方或质疑对方,非原则事不要太较真,不要总用自己的标准和感受去衡量和要求别人。

图2-35 打断对方

四、选择合适的话题

1. 高雅的话题

选择内容文明、格调高雅的话题,如,文学、艺术、哲学、历史、地理、建筑等，这类话题适合各类交谈，也能够体现自己的见识、阅历、修养和品位。

2. 轻松愉快的话题

允许各抒己见，任意发挥。如文艺演出、流行、时装、美容美发、体育比赛、电影电视、休闲娱乐、旅游观光等。

3. 对方喜欢的话题

公职人员关注的多是时事政治、国家大事，而普通市民则更关注家庭生活、身体健康等；男人多关心事业、个人的专业，而妇女对家庭、物价、孩子、化妆、服装等更容易津津乐道。

4. 流行、时尚的话题

即以正在流行的事物或时尚作为谈论的中心。

5. 热门话题

热门话题是一定时间、一定范围内，公众最为关心的热点问题，这样的话题是很容易引发谈话兴致的。

五、掌握语言表达技巧

（1）细语柔声，吐字清晰，必要时要讲普通话。有理不在声高，避免粗声大嗓，尤其在公众场合。

（2）注意句式语气的选择，多正面表述，少否定、少质疑，不命令。尽量避免使用主观武断的词语，如"只有""一定""唯一""绝对"等不带余地的词语，多使用商量的口气。

（3）为照顾对方感受或避免对方难堪，有时需要委婉表达自己的意思，如使用"可能""也许"等词语，如"我非常愿意帮助你，但这事儿恐怕不容易办到"。先肯定后否定，把批评的话语放在表扬之后，也会显得委婉一些，使对方更能接受。

（4）把握分寸，忌信口开河，或过于随性，只顾嘴上痛快而不顾后果。开玩笑要把握好"度"，且注意看对象，不要随便开女性、长辈、领导的玩笑。

（5）善于欣赏和赞美他人，不要贬低或中伤他人。需要注意的是，赞美，一是要本着友善的态度，善于发现他人的优点，不能为了赞美而赞美。二是真诚的赞美，不是虚伪的奉承，要恰如其分，不要言过其实，更不能颠倒是非。

（6）间接或私下提醒他人的错误或拒绝他人。

（7）适度幽默可以增强语言的感染力，还可化解尴尬局面。（图2-36）

图2-36　良言暖心　恶语伤人

六、注意谈话的禁忌

1. 谈话内容"六不谈"

（1）不得非议党和政府

不能非议国家、党和政府，在思想上、行动上应与党和政府保持一致。爱国守法是每个公民的义务。

（2）不可涉及国家秘密与商业秘密

我国有国家安全法、国家保密法，会泄密的内容是不能谈论的。因此，在商务谈话中不能涉及国家秘密与商业秘密。

（3）不得非议他人

不要随便挑剔别人的不是，不当面使别人出丑、尴尬、露怯、难以下台。

（4）不得背后议论领导、同事与同行

在背后或外人面前议论自己的领导、同行、同事的不是，会让别人对你的人格、信誉产生怀疑。（图2-37）

图2-37　背后议论

（5）不涉及格调不高之事

格调不高的话题包括家长里短、小道消息等。谈及格调不高之事会使别人觉得说话人素质不高，有失教养。

（6）不得涉及个人隐私之事

关心别人值得提倡，但是关心应有度，尊重隐私，隐私问题不能随便议论。与外人或不熟悉的人交谈时，应回避个人隐私，注意个人隐私五不问——收入、年龄、婚姻家庭、健康问题、个人经历。

2. 谈话方式"四忌"

（1）恶语伤人

良言一句三冬暖，恶语伤人六月寒。与对方交谈的过程中，有时难免会产生分歧，但是无论双方分歧有多大，都要记住尊重对方，切勿恶语伤人。

（2）声大气粗

不要大声喧哗，说话声音低一点，说话速度慢一点，以便对方能够理解和听懂。低一点、慢一点是交谈时尊重对方的重要要求。

（3）表情举止不当

眼神闪烁不定，手放在裤兜，近距离正面接触时双臂交叉等。

（4）三心二意

与人谈话时，或东张西望、心不在焉，或玩弄物品，或者老看手表，对对方不重视，是极不礼貌的行为。谈话时要注意在方式、方法、表情、语言、内容等方面与交谈对象进行必要的互动。如果对方与你交谈时，你面含微笑、点头致意，表示若有所思，对方感觉一定很好。（图2-38）

图2-38　心不在焉

总之，想要成为受人欢迎的交谈者，应做到：细语柔声如春风，牢记互动善沟通。尊重对方不打断，少说多听慎补充。非原则事不纠正，避免质疑乐融融。

【古代礼仪小知识】

流传至今的敬辞、谦辞

恰当运用敬辞谦辞会提升表达效果,赢得对方的好感。下面一些场合可以适当运用敬辞谦辞:正式的社交场合;会议、谈判等公务商务场合;与师长或身份地位较高的人交谈;与人初次打交道或会见不太熟悉的人等。

一、常见敬辞

"拜"字一族。用于自己的行为动作涉及对方。如拜读:指阅读对方的文章;拜辞:指告别对方;拜访:指访问对方;拜服:指佩服对方;拜贺:指祝贺对方;拜识:指结识对方;拜托:指托对方办事情;拜望:指探望对方。

"奉"字一族。用于自己的举动涉及对方时。如奉达(多用于书信):告诉,表达;奉复(多用于书信):回复;奉告:告诉;奉还:归还;奉陪:陪伴;奉劝:劝告;奉送、奉赠:赠送。

"惠"字一族。用于对方对待自己的行为动作。如惠存(多用于送人相片、书籍等纪念品时所题的上款):请保存;惠临:指对方到自己这里来;惠顾(多用于商店对顾客):来临;惠允:指对方允许自己(做某事);惠赠:指对方赠予自己物品。

"恭"字一族。表示恭敬地对待对方。如恭贺:恭敬地祝贺;恭候:恭敬地等候;恭请:恭敬地邀请;恭迎:恭敬地迎接;恭喜:祝贺对方的喜事。

"垂"字一族。用于别人(多是长辈或上级)对自己的行为。如垂爱(多用于书信中):称对方对自己的爱护;垂青:称别人对自己的重视；垂问、垂询：称别人对自己的询问；垂念：称别人对自己的关心挂念；垂听：称别人（尤其是长辈或上级）听自己说话；垂阅：请对方降低身份来阅读，常用于对上级或尊者。

"敬"字一族。用于自己的行动涉及别人。如敬告：告诉；敬贺：祝贺；敬候：等候；敬礼（用于书信结尾）：表示恭敬；敬请：请；敬谢不敏：表示推辞做某件事。

"请"字一族。用于希望对方做某事。如请问：用于请求对方回答问题；请坐：请求对方坐下；请进：请对方进来。

"屈"字一族。表示委屈对方。如屈驾（多用于邀请人）：委屈大驾；屈就（多用于请人担任职务）：委屈就任；屈居：委屈地处于（较低的地位）；屈尊：降低身份俯就。

"光"字一族。用于对方来临。如光顾（多用于商家欢迎顾客）：称客人来到；光临：称宾客到来。

"俯"字一族。公文书信中用来称对方对自己的行动。如俯察：称对方或上级对自己理解；俯就：用于请对方同意担任职务；俯念：称对方或上级体念；俯允：称对方或上级允许。

"华"字一族。称对方的有关事物。如华诞：称对方生日；华堂：称对方的房屋；华翰：称对方的书信；华宗：称同族或同姓者。

"雅"字一族。用于称对方的情意或举动。如雅教：称对方的指教；雅量：称对方的度量大；雅兴：称对方的兴趣大；雅意：称对方的情意或意见；雅正：（把自己的诗文书画等送给人时）请对方指正批评。

"叨"字一族。如叨光（受到好处，表示感谢）：沾光；叨教（受到指教，表示感谢）：领教；叨扰（受到款待，表示感谢）：打扰。

二、常见谦辞

"敢"字一族。表示冒昧地请求别人。如敢问:用于问对方问题;敢请:用于请求对方做某事;敢烦:用于麻烦对方做某事。

"见"字一族。表示对"我"怎么样。如见谅:客套话,表示请人谅解;见教:客套话,指教(我),如"有何见教"。

"窃"字一族。表示自己的行为。如窃以为:谦虚地表达自己的观点,私下认为,不一定能得到大家认可;窃闻:私下听说。

"忝"字一族。表示辱没他人,自己有愧。如忝列:有愧被引入或处在其中,如忝列门墙(愧在师门);忝在:有愧处在其中,如忝在相知之列;忝任:有愧地担任,如忝任宰相之职。

第六节　电话礼仪——听音如面　闻声识人

电话方便快捷,功能日趋丰富,已成为现代人必不可少的通信和联络工具,接打电话的表现也是个人形象的重要体现。有的人在使用电话时存在一些不恰当或令人反感的行为,如:拨打电话不合时宜;没头没脑缺少自我介绍;拨错电话不道歉;发祝福短信或给不太熟悉之人发短信无署名,让人费思量;粗声大气、言语粗鲁令人生厌;喋喋不休浪费他人时间。那么,使用电话要注意哪些礼仪呢?(图2-39)

图2-39　言语粗鲁

一、拨电话

1. 选择好打电话的时机

公私事务要分清,公事在上班时间打,休息时间和节假日一般不要给别人打公务电话,除非万不得已。

休息时间尤其早7点之前,晚10点之后,没有重要的急事不要打电话,万一有急事打电话,首先要表达歉意:"抱歉,事关紧急,打搅你了。"午休时通常也不宜打电话。如果在不宜打电话时需要告知事情,可以用其他的方式如发短信等。

就餐时间不宜打电话。

2. 注意地点场合

尽量避免在办公室打私人电话。观看影剧、参加会议等最好不要打电话,以免噪声干扰别人。

二、接电话

接电话的基本原则是铃响不过三声,也就是说要及时接听电话。但太快也不好,若铃声刚响就接起来,可能会让对方措手不及。如果是公司电话,往往先问候"您好"或"你好",然后自我介绍单位、部门等。(图2-40)

图2-40 自我介绍

三、把握通话时长

通话时间宜短不宜长,电话礼仪有一个通话三分钟原则,是说通话时间应该控制在三分钟之内。当然这不是绝对的,实际就是长话短说,废话不说,没话别说。我们要做一个办事有效率的人,尊重时间的人,所以打电话一定要短,可事先整理一下表述的思路。如果是公司企业员工,重要电话列提纲是一个很好的习惯。

四、掌握挂电话的技巧

1. 谁先挂电话

(1)地位高者先挂电话

如果你与董事长通话,不管董事长是男是女,是老是少,下级尊重上级是一种职业规范,此时应该是董事长先挂电话;如果是总公司来电话,不管总公司打电话的人是什么级别,他代表了上级,此时应该是总公司的人先挂电话。

(2)客户先挂

如果是与客户通话,应该让客户先挂电话。

(3)女士先挂

如果双方地位相当,女士先挂。

(4)被求的一方先挂

如果双方地位相当,被求的一方先挂。

2. 如何暗示对方终止通话

在不宜由自己挂断电话或者不便直接提醒对方的情况下,可总结、重复通话要点,让对方主动挂断电话。

五、拨错电话或突然断线的处理

如果对方拨错电话，要礼貌地告诉对方电话拨错了，展示礼仪和风度，如"先生你好，你拨错电话了"。如果自己拨错了电话，要诚恳致歉，如"不好意思，打扰了"。

电话突然断线，要及时把电话打回去，打回去先致歉，并告诉对方情况，显示对对方的尊重。

六、如何代接电话

代接电话指固定电话，手机一般不宜替人代接。若被找之人不在，应先告知对方情况。如："你（您）好，××不在。"然后问来者何人，有何事。如："请问你（您）怎么称呼？"再询问是否需要转告。如："有什么可以帮您的吗？"或"有什么需要转达的吗？"

七、手机的安全文明使用

1. 安全使用

（1）不用移动电话去传送太过重要的信息，尤其涉及国家或商业机密的内容。

（2）遵守关于安全的若干规定，比如开车的时候不接打电话、空中飞行时手机要关机、加油站内不使用手机等。

（3）一般情况下，不要借用别人的手机，除非是紧急事情。借用外人尤其是陌生人的手机是不礼貌的。

2. 文明使用

（1）在图书馆、书店、电影院、会议室、自习室等需要安静的公众场合，以及有室友睡觉的宿舍等，要养成手机设置振动或者静音的习惯。遇到必须要接听的电话，可以离场或轻声交谈，快速解

决,尽可能不影响他人。避免在人多之处接听电话,公交地铁等公众场合接打电话时声音不要太大。(图2-41)

(2) 未经许可,请勿擅自翻看别人的手机,即便对方与你关系再亲密。

(3) 当别人给你看的只是手机里的某一张照片时,请不要左右滑动。

(4) 如果使用手机拍照,拍别人要征得对方同意,要尊重别人的隐私权。如果要在社交平台发布对方的照片或合照,也应该征得同意后再上传。

(5) 当众自拍并不总是得体的行为,尤其在比较严肃的场合。

图2-41 粗声大气

第七节 网络礼仪——文明交往 理智冲浪

现实生活中的人际交往有不少约定俗成的礼仪,在互联网虚拟世界中,也同样需要遵守礼仪。忽视网络礼仪,可能会对他人造成影响和骚扰,引发矛盾甚至网上骂战或抵制等事件。网络社交礼仪除遵守一般的社交礼仪,还表现出一些独特之处。

一、网络交往礼仪

1. 记住别人的存在,尊重他人

虽然隔着屏幕,但也不要忘了我们是在跟别人打交道。网络交往中要考虑到自己的言行对他人的影响,应该像当面交谈那样诚恳、亲切、慎重,顾及他人的情感,尊重他人的风俗习惯,不触犯他人禁忌。尊重他人的隐私,尊重他人的劳动,不剽窃他人的作品。

2. 维护自尊,树立自己的好形象

由于网络交往的虚拟性质,别人往往无法从你的外表来认识你,因此你的言语成为别人对你印象的主要判断依据,要注意维护自尊。如果你对某个方面不是很熟悉,先去学习了解一下再开口,发帖前检查语法和用词,不要说脏话或挑衅别人等。

3. 网上网下行为一致

在现实生活中大多数人都是遵纪守法、遵守公德的,在网上也应如此。网上的言行要与日常生活中的言行一致,不说假、大、空话。同一个人最好不要使用过多的昵称、网名,以免有骗人、蒙人之嫌。

4. 宽容大度,接纳他人

宽容他人的缺点,原谅他人的过错和不专业。我们都曾经是新手,都会有犯错误的时候。当看到别人写错字、用错词,问一个低级问题或者发表没什么价值的长篇大论时,不要在意。如果想给他建议,最好与他私下交流,不在群内当面指指点点。

5. 克制情绪,体现自己的教养

发表见解不要太随意,慎重使用网上话语权,不要轻易挑起争

端。当你不愿评论或发表自己的见解时，请以微笑应之；当你不同意或反驳对方观点时，不要用过激言辞，更不能用粗俗的谩骂语言。探讨和争论是正常的现象，要以理服人，不要人身攻击。如果你的要求被对方拒绝了，也不要用言语攻击对方。

6. 乐于分享

习惯与人交流信息，互相帮助。比如乐于回答他人的请教和提问，主动分享有用的知识、信息以及你通过提问得到的答案等。

7. 入乡随俗

不同的场所或论坛可能会有不同的规则。在一个地方可以做的事情在另一个地方或许不能做，参与之前需事先了解此处的规矩和习惯。

8. 不浪费别人的时间和带宽

在提问题之前，自己先花些时间去搜索和研究，别人为你寻找答案需要消耗时间和资源。也许同样的问题以前已经有人问过多次，已有现成的答案。提问尽量做到主题明确，描述清楚，别人回复你以后不管是否能够解决问题都应该感谢对方。

聊天要适可而止，不要没完没了。别过多地占用带宽，尽量避免传送超大文件。

9. 不滥用权利

版主、群主、管理员等比其他用户有更多权利，应该珍惜使用这些权利。游戏室内的高手应该对新手手下和口下留情。

10. 网上行为要谨慎

网络交往要慎重，提防虚假的言行甚至网上诈骗。

分享个人工作生活要注意保护隐私，以免给别有用心之人以可乘之机。

区分朋友圈和工作圈。若工作和生活共用一个账号，要注意朋友圈分组。在亲戚朋友看来逗趣的内容，同事领导看到了可能是不同的感受，甚至可能会造成误会和偏见。

二、网络交谈礼仪

1. 加别人好友后要主动打招呼

主动添加好友的一方要备注自己的身份或目的，好友添加成功后先开口打招呼以示礼貌。如果加了别人的QQ或微信以后，既不自我介绍，也不主动打招呼，就静静地"潜伏"在对方好友列表里，这是不礼貌的。加别人为好友后，也要马上备注对方资料，避免以后对话时忘记对方是谁而造成尴尬。

2. 聊天时慎用"在吗"当开场白

一句"在吗"，有可能会招人反感。别人不知其目的不好回答，不如开门见山沟通效率更高。（图2-42）

图2-42　令人反感的开场白

3. 及时回复信息

及时回复他人信息是一种美德,及时回复既减少对方等待的时间,同时也是对他人的一种尊重。当自己太晚回复对方的消息时,可以解释一下晚回复的原因,避免好友误解。收到消息不一定要秒回,但不能不回。

4. 聊天结束应有交代

凡事要有始有终,不要半途消失。聊天时,如需要结束对话,动动手指,说一声"要忙了"或者"下次聊"。更不能在聊天时只聊个开头就没有下文了。

5. 慎用语音消息,尤其长语音

发语音有可能会让对方反感,因为一来不如文字直观,特别是一连串的语音消息,容易漏听。需要保留、回看聊天记录时也不方便,可能会导致信息的缺失。二来对方身处环境很多时候不方便收听语音。对于上级,除非是私下关系很好,尽量少使用语音消息。普通朋友或普通同事间,也要少发语音。虽然微信推出了语音翻译功能,但普通话不够标准会让转成的文字产生错误。(图2-43)

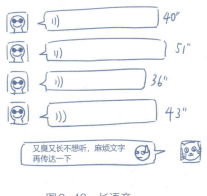

图2-43　长语音

6. 发起语音、视频通话前，先询问一下对方是否方便

突然的、毫无准备的语音或者视频往往会打扰到别人的生活，令人尴尬和反感。因此，我们与对方语音、视频通话时首先要确认对方是否方便，是否打扰到对方。

7. 看懂结束语

"我手机没电了""去吃饭/洗澡了""晚安"这些话的潜台词就是本次聊天可以结束了，相当于"你去忙你的，我也该忙自己的事情去了"，看到这样的话时，就要适可而止结束谈话。

8. 言语表达力求得体

由于缺乏面对面直接交谈的便利性，网络交流需要更加注意自己说话的内容组织、语气句式的选择甚至标点符号的使用。不要出现强硬或命令语气，例如"请告诉我要如何发帖"和"请问能告诉我如何发帖吗"给别人的感觉是不同的，前一句包含了命令的语气，令人不悦，后面一句则谦和有礼貌，容易被人接受。此外，日常生活中的幽默语言在网上也有可能被误解为挖苦、粗俗的表现，因此要慎用幽默。

9. 合理使用标点符号

不必像写文章那么正式地使用标点符号，但必要的分隔还是应该有，可以使用"～～"等符号来分隔句子。不要频繁使用感叹号，以免有咄咄逼人之感。

10. 谨慎使用语气词"嗯""哦""啊""呵呵"等

回复对方时不要过于简略，也最好不要频频使用语气词"哦""嗯""呵呵"等，略显敷衍，这样的字眼在很多人看来代表话题的终结。很多时候，多打一个字，会产生完全不同的效果。比

如，"好"表示"我同意了"，而"好哒"表示"我开心地同意了"。又如"嗯"代表"我知道了"，而"嗯嗯"则意味着"我愉快地知道了"。

11. 正确使用表情包

使用表情包要控制数量。表情包使用适量可以让聊天轻松有趣，但过多使用表情包会让人应接不暇，甚至会让人感觉有挑衅之意或开启斗图模式。

面对长辈和领导，慎用表情符号和表情包。

注意不同群体对表情包的理解与使用的区别。比如容易造成误解的"微笑"表情，有人看来是"微微一笑"，在某些人看来却是意味深长的"呵呵"（含嘲讽、不屑之意）。通常中老年人更易于接受此表情。

勿滥用私人化表情。私人化、真人截图等比较特殊的表情包，一般限于私人圈子，在单位群里用可能会使一些人生厌。单位群年龄差异大，不太适宜使用各种怪异表情。

12. 不要滥用截图

两个人的聊天是私密行为，随意发送聊天截图出去相当于暴露他人和自己的隐私。故使用截图要谨慎，不要随意把截屏发送给第三者。

13. 未经同意，不要把他人的微信名片、QQ号码、手机号码等分享出去。

擅自泄露他人信息，可能会给别人带来尴尬甚至造成安全隐患。

三、QQ群、微信群聊天礼仪

（1）加入一个大家都熟识的群，应按群规要求更改自己的群昵称或者头像。

（2）加入一个新群，请先观察一段时间，看看这个群的群风、话题、参与度，然后再慢慢融入发言。

（3）不要随便拉人入群。拉人入群，应征求群主的同意。如果拉进来群主不喜欢的人，群里就会出现问题。不要随便拉一些与群主题不相关的朋友入群，这是对其他群友的尊重。

（4）不要随便加群友为好友。对他人来说，不认识的群友加好友有可能是一种负担和打扰。即便别人出于礼貌同意了你的加好友请求，但也不代表就把你当朋友了。对于一个群聊产生的好友，在互相连对方的真实姓名、年龄、职业、长相都不了解的情况下，对方并没有接纳你，你们只是微信好友而并未成为真正的好友。

（5）不要轻易退群。被朋友拉入群不要轻易退群，这是对推荐人的尊重。

（6）遵守群规，在群里聊天要切合主题，不在群内发布与本群无关的信息，如广告、心灵鸡汤等，避免因违反群规而被移出群聊。（图2-44）

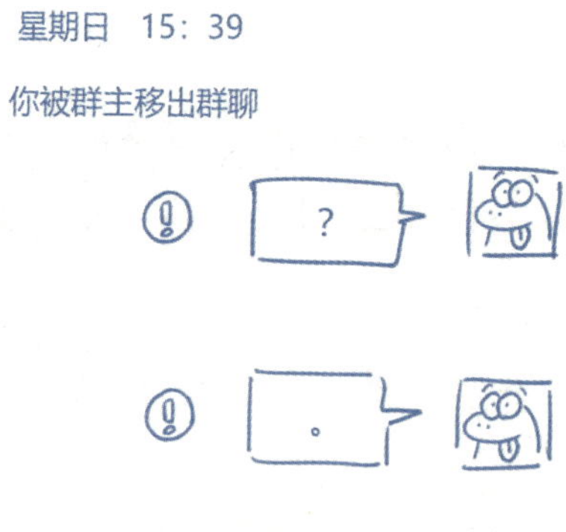

图2-44 移出群聊

（7）能私聊就不要群聊。不要将公共群变成私人聊天的场所，影响群内其他人正常聊天。涉及私密的话题最好私下加好友聊，不要让大家"围观"。

若是单位群，除非是上传下达一些工作上的事情，不必要的话少在群里说，需要和同事沟通可以私聊，避免打扰到处于工作状态中的大家，除非领导在里面说话需要大家有回复。其他的群看群规而定，没群规的，大家也都愿意聊的可以聊聊，但是若一个群里只有你和另外一个人聊得较多，可以互相加好友私聊，避免打扰别人。

（8）尊重他人作息时间，晚上10点后至早上8点前尽量避免群聊，以防扰人清静。

（9）尽量不要在群里发过大的文件或视频，照顾那些包月套餐内流量不多的朋友。

（10）尽量不发语音信息。私聊的时候用语音大多数人不爱听，在群里也是一样，毕竟文字可以更直观方便地交流，所以能文字就不要语音。

（11）内容简练避免长篇大论，一分钟的语音和作文那么长的文字，很少会有人有耐心听完看完。

（12）不要刷屏。这么做会影响别人，会被人讨厌。

（13）尽量不要求赞和拉票等，更不要请人砍价。求赞和拉票会麻烦别人，有些别有用心的组织方甚至还会收集和泄露参与者的私人信息。而让人砍价，容易给人以贪图小便宜的感觉，而且有可能遇到骗局。

（14）保持友善和克制。有些事情在群里说不如当面沟通方便，容易引起误解。在气氛已经紧张的时候，主动"少说一句"是非常得体的做法。而当群里其他人起冲突的时候，尽快岔开话题也是非常得体的举动。

（15）明辨是非，分清真伪。不浏览不健康的网页，不点击不明内容的链接。不随意相信、转发未经证实的所谓"内幕新闻""独家报道"。

下编　社交场合礼仪

第一节　位次礼仪——找准位置　大方自信

从小到大，人与人之间的交往离不开顺序的排列，上学站队，考试排名，推杯换盏，你来我往，这其中既有明确的标准，又有约定俗成的礼数。（图2-45）

图2-45　我该坐哪儿

位次礼仪要注意区别不同情况：内外有别、场合有别、中外有别。

内外有别。例如，家人间和朋友同事间应有区别，家人间可随意自然，而朋友同事间就会讲究一些。

场合有别。座位的排位，在不同的场合要根据情况遵循不同的排位标准。在官场以职位高低为序，在生活中以年龄辈分为序。正式场合比非正式场合更讲究一些。

中外有别。中国传统礼仪以左为尊，而国际惯例以右为尊。公务礼仪、政府礼仪讲的是中国传统习俗，商务、国际场合遵循国际惯例。（确定左右是按照当事人自己之间的左和右。）

一、位次礼仪基本规则

1. 面门为上（良好视野）

室内活动，面对房间正门的位置是上座，如到餐馆里面的雅座包间吃饭，一般面对房间正门的位置都是主位。因为它视野开阔，报告厅、会场的主席台往往都是面对正门的。

2. 居中为上

中央高于两侧。

3. 以右为上（国际惯例）

以左为上是我国传统习俗，目前在我国主要是在政务礼仪中比较通行，一般的社交场合和商务交往乃至国际交往我们现在都是遵守国际惯例，而国际惯例是以右为上。

4. 前排为上

大会会场，无论台下还是台上座位，都是第一排的位置为上。

5. 以远为上（远离房门）

距离房间正门越远位置越高，离房门越近，位置越低。

二、具体场合的位次礼仪

（一）平地行进

两人横向行进，右边高于左边；内侧（如靠墙、走廊内侧）高于外侧。

多人并排行进，中央高于两侧。

纵向行进，前方高于后方。

平地引导客人，一般遵守"引客时主人在前，送客时主人在后"的原则。但客人知路时，可让客人在前。（图2-46、图2-47）

图2-46　引客在前　　　　　图2-47　送客在后

（二）上下楼梯

楼梯内侧高于外侧，右侧高于左侧，前排为上。

引导陪同客人上下楼梯，上楼时让领导、来宾走在前面，下楼时则相反。

引领客人上楼时应让客人走在前面，自己在后。到达指定楼层后，在客人不识路的情况下，陪同引导人员可以在前面带路或者在后面用语言提示方向及注意事项。应该让客人走在内侧或右侧。行进时，身体侧向客人，用手势引导。

如女士着裙装特别是短裙，上下楼时应让女士居后，以免走光。（图2-48、图2-49）

图2-48　引客上楼　　　　　图2-49　引客下楼

（三）出入房间

出入房门，一般应让客人、贵宾等位高者先入先出，以示尊重。但如双方均为首次到一个陌生房间，陪同人员宜先入房门。

当你引领一位尊者出入房间时，为了对方的安全和方便，应该是：外拉门请对方先进，内推门自己先进，做相应的指引手势，并为对方扶住门，以免发生意外，这样也会显得彬彬有礼。为了操作方便，当房门的把手在右侧时宜用左手开门，把手在左侧时可用右手开门。（图2-50）

图2-50　出入房间

（四）乘坐电梯

1. 出入电梯顺序

（1）电梯里没人时

下级、晚辈、陪同人员先进后出，在上级、长辈、客人之前进入电梯，按住"开"的按钮，请他们进入。到达目的地，按住"开"的按钮，请上级、长辈、客人先下。（图2-51）

（2）电梯内已有乘客或电梯操作员

无论进出都是上级、长辈、客人优先，下级、晚辈、陪同人员后进后出。（图2-52）

如果电梯内人较多不便让位时后进者可先出。

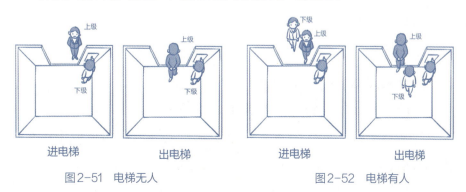

图2-51　电梯无人　　　　图2-52　电梯有人

2. 电梯内站位

靠内侧是上位,按键是晚辈或下属的工作。但是如果知道对方会先下,让对方站在前面的位置会比较方便。(图2-53)

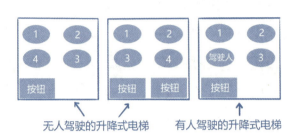

图2-53 电梯位次

3. 电梯内言行规范

先下后上。

先上电梯的人应靠后面站,以免妨碍他人搭乘电梯。

不要堵在电梯口,应让出通道。

先进入电梯,应主动按住按钮,防止电梯夹人,帮助不便按键的人按键。自己不方便按键时可轻声请别人帮助按键。

尽量侧身面对别人。

绝对不可抽烟,一般也不交谈。

不要在电梯中甩头发,以免刮人脸。

(五)乘车

1. 车内座次

确定车内座次的三个因素:

一是车型,如小轿车、吉普车、商务车等。

二是驾车人,应区分主人驾车还是专人(专职司机或出租车司机)驾车。

三是尊者意愿，尊者坐在哪里，哪里就是上座。必须尊重上宾本人对轿车座次的选择。如果上宾首先上车，那么他所坐的位置即是上宾席，不必劳驾移位，除非他坐在了驾驶座上。

（1）轿车

专职司机或出租车司机开车时，司机后排的对角线位置为上座，原因一是安全，二是上下车方便。我国车辆靠右行，方向盘在左，上座就是后排右边的位置。而在方向盘居右，车辆靠左行的国家或地区，上座就是后排左边的位置。（图2-54）

特殊场合司机后面的座位是高级官员、重要人物乘坐，这是为了安全和隐蔽。

由专人驾驶车辆时，轿车副驾驶座一般是随员座，坐于此处者多为随员、译员、警卫等。从安全角度考虑，一般不应让女士坐副驾驶座，孩子与尊长也不宜在此就座。

主人亲自开车时，不能让前排空着，要有一个人坐在那里以示相伴。上座是副驾驶座。（图2-55）

图2-54　轿车　专职司机开车　　　图2-55　轿车　主人开车

（2）吉普车

无论谁开车，吉普车的上座都是副驾驶座。吉普车底盘高，功率大，越野是主要功能，后座颠簸、不舒适。（图2-56）

（3）商务车

商务车一般是三排座位。

如果是司机驾驶，以第二排右侧为上位，左侧次之，第三排右侧再次之，副驾驶的位置为末席。

如果是接待方主人亲自驾驶，以副驾驶的位置为首位，第二排右侧次之，左侧再次之，末席在第三排的左侧。（图2-57）

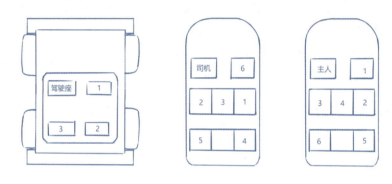

图2-56 吉普车　　　　　图2-57 商务车

（4）中巴车与大巴车

中巴车与大巴车通常为司机驾驶，前排为上，后排为下，右高左低。（图2-58）

图2-58 中巴车与大巴车

2. 上下车顺序

乘坐轿车，位尊者如长辈、领导、女士先上后下，随从者后上先下。如果多人坐一辆车，那么谁最方便下车谁先下车。

上车时，下级或随从人员为领导和客人打开车门，左手固定车门，右手护住车门的上沿（左侧进出相反），防止领导或客人碰到头部，等到确认其身体安全进车后轻轻关上车门。（图2-59）

下车时，下级或随从人员先下车，为领导和客人拉开车门。若有专人恭候并负责拉开轿车的车门，则位尊者可以先下。（图2-60）

图2-59 上车

图2-60 下车

3. 女士上下车姿势

（1）上车

女士上车一定注意仪态，尤其穿裙子时。不要一只脚先踏入车内，更不能爬进车里。优雅的做法是背入式：身体背对车门，站在座位边上，身体降低，臀部先坐到座位上，然后上身及头部入内，最后双腿保持并拢进入车里（在关上车门前将裙子整理好，以免被车门夹住）。（图2-61）

图2-61 女士上车姿势

(2)下车

女士下车姿势宜优雅,穿裙子时更应注意。

姿势一:准备下车时,应尽量将身体移近车门,车门打开后,双腿并拢抬起,移出车门。保持双腿并拢着地。然后将身体重心移至双脚,头部先出,再把整个身体移离车外。最后起身直立,转身关车门。(图2-62)

姿势二:两脚先后落地的方式,但需注意脚移出时要保持膝盖并拢。具体方法是:下车时双膝并拢,先轻轻探出靠车门的一只脚,脚尖先落地,两手找到车内适当的部位支撑身体平衡,保持身体平稳。头部探出门外,再以腰部力量为支撑点,轻轻提臀离座,记住双膝并拢。然后缓缓直起身,另一只脚随后迈下车,落地后与先前一只脚成交叉状,身体直立。(图2-63)

图2-62 女士下车姿势(一)　　图2-63 女士下车姿势(二)

(六)会客

1. 自由式

随便坐,这一般是家中或私人交往或者不好排座次的时候采用。

2. 相对式

面对面就座,这种方式显得主次分明,适用于公务性会客,如商务谈判、领导向部下布置工作,或者是关系不太亲近的男女之间。这是公事公办,或者是拉开距离的。相对式通常又分为两种情况。

一种是双方就座后，一方面对正门，另一方背对正门。此时"面门为上"，面对正门之座请客人就座，背对正门之座由主人就座。

另一种是双方面对面地就座于室内两侧，此时进门后"以右为上"，即进门后右侧之座应请客人就座；左侧之座由主人就座。（图2-64）

3. 并列式

即并排就座，平起平坐，关系平等，表示亲密和友善，会客很多都是并列式，这时可遵循以右为上，或远门为上。（图2-65）

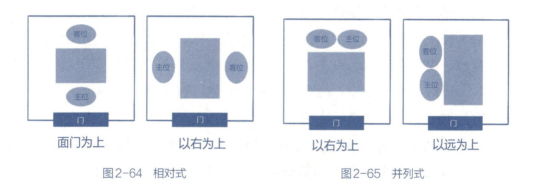

图2-64　相对式　　　　　　图2-65　并列式

4. 居中式

居中式排位实为并列式排位的一种特例。它是指多人并排就座时，讲究"居中为上"，即以居于中央的位置为上座，请客人就座；而两侧的位置由主方人员就座。

（七）宴请与聚餐

中国是礼仪之邦，大宴小酌，杯茶清谈，皆讲究让座之礼。请让是礼数，以表尊敬；过分推让则是虚礼。虽然现在不像过去那样讲究，但正式场合还是要遵循基本原则才能不失礼数。

1. 座次排序原则

面门为尊，主位面门。

离主位越近位置越好。

座位可依国际惯例，以右为尊，右高左低；也可按我国传统习惯，左高右低。

2. 正式宴请

以正式宴请时常见的两种情况为例。

每桌只有一个主位。上座通常面向正门，离门最远；下座则背向门口，离门最近。主人坐面门居中的1号位，主宾坐在主人的右侧，此为客方的1号位。主人1号位的左侧坐客方的2号贵宾，然后可按主客双方交叉坐。按照身份职位高低、长幼亲疏，由面门到背门，由近主人到远离主人等位次原则一一落座。（图2-66）

每桌有两个主位。两个主人相对而坐，客人分坐于两个主人两侧。如果是私人名义的宴请，若男主人为第一主人，女主人为第二主人，则主宾和主宾夫人可分坐男女主人右侧。确定主位后，主方和客方其他人按职位高低或辈分大小分别向两边依次排列即可。（图2-67）

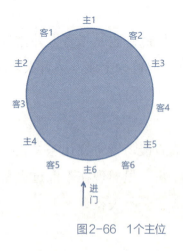

图2-66　1个主位

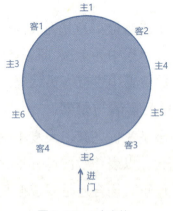

图2-67　2个主位

3. 朋友聚会

没有严格的主人、客人的区别,由请客做东的人坐在主位置,剩下按照辈分和年龄排座次,尊重年长者,岁数大的靠着请客的人坐,依次类推。忙活事儿的人和请客的人关系最好,是重要的陪客,背对着门坐,负责端茶倒水。(图2-68)

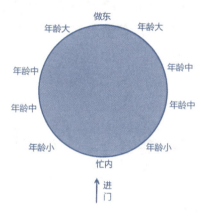

图2-68 朋友聚会

4. 家庭聚会

长辈坐在上座,其他的人按辈分或相互关系依次往下坐。

一般受邀方或家庭内就餐时夫妻挨着坐。

有的孩子受宠爱可以挨着老人坐,但座次不可以高于老人。

具体就座还需根据实际情况来安排。把握总体原则,现场灵活应变。建议主随客便,客随主便:客人若是自行入座,可请座,但不必强让;主人请客,该如何入座,悉听主人安排即可,不必过分推让。由于各地风俗习惯的差异,不同地方家庭聚会座位安排也不尽相同。

(八)会议、报告

主席台座次规则是:前排高于后排;中央高于两侧;左右的排列则中外有别:中国传统左高右低,国际惯例右高左低。公务礼仪、政府礼仪常按中国传统习俗,左为上。商务、国际场合遵循国际惯例，右为上。如政务会议、国企内部的大型会议，一般遵守"左为上"的原则，商务、社交、涉外活动一般遵循"以右为尊"的国际惯例。

如政务会议，领导人数为奇数时，主要领导居中。领导人数为偶数时，1号领导和2号领导同时居中。先确定1号领导位置，其他领导按"左边一个、右边一个"的顺序依次排下去，排完为止。无论主席台领导人数是奇是偶，偶数领导都在1号领导的左手位，奇数领导都在1号领导的右手位。（图2-69、图2-70）

图2-69　奇数座次

图2-70　偶数座次

【古代礼仪小知识】

从《鸿门宴》看古代座次礼仪

在古代，人们交往中的座次是很讲究的，它显示着人们社会地位的高低，表现着主人待客的不同态度。

在《鸿门宴》中，司马迁着意描述了宴会上的座次："项王、项伯东向坐；亚父南向坐，——亚父者，范增也；沛公北向坐；张良西向侍。"就是说，项羽和项伯面向东坐，范增面向南坐，刘邦面向北坐，张良面向西侍奉、陪席。这一描述看似寻常之笔，实则大有深意，它对表现人物的性格特征具有重要作用，也体现了古代座次的一些规则。

古代的座次以何为尊呢？这与古代的建筑是相关联的。古代的居住建筑常为堂室结构，坐北朝南，前堂后室。其内部空间前部分是堂，通常是行大礼的地方，不住人；堂的后面是室，住人；室的东西两侧是房，分东房和西房。入室必经堂，成语"登堂入室"即由此而来。人们把得到老师真传，学问或技艺造诣精深者称为"入室弟子"。

在堂上举行的礼节活动是南向为尊。皇帝聚会群臣，他的座位一定是坐北向南的。因此，古人常把称王称帝叫做"南面"，称臣叫做"北面"。古代的"南面"就是坐北朝南，即面朝南坐，其位为尊为上；"北面"就是坐南朝北，即面朝北坐，这相对"南面"地位较低。堂内的座次由高到低顺序为南向（坐北向南）、西向（坐东面西）、东向（坐西面东）、北向（坐南面北）。古代的室一般是长方形，室内最尊的座次是东向（坐西面东），其次是南向（坐北向南），再次是北向（坐南面北），最卑是西向（坐东面西）。

举行宴会是在室内，而不在堂上。我们看看"鸿门宴"的座位次序："项王、项伯东向坐，亚父南向坐，——亚父者，范增也。沛公北向坐，张良西向侍。"（《史记·项羽本纪》）项羽、项伯朝东而坐，最尊；范增朝南而坐，仅次于项氏叔侄的位置；项羽让刘邦北向坐，又卑于范增，不把他看成与自己地位匹敌的宾客；张良在面朝西的位置，是在场人中最卑的了，故不叫坐而叫侍。（图2-71）

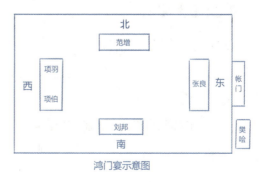

图2-71 鸿门宴座次

第二节 宴会礼仪——不忘礼数 "吃"出风度

宴会,是以宴请为形式的一种重要的社交活动。了解宴会礼仪,遵守宴会礼仪,不仅能够让我们品尝美味佳肴,而且还可以使我们在宴会上多交朋友,广结善缘,维护形象,扩大交际圈。

一、宴会的分类

(一)按宴请的性质和主题分

1. 公务宴请

指政府部门、事业单位、社会团体以及其他非营利性机构或组织因交流合作、庆功庆典、祝贺纪念等有关公务事项而举行的宴请活动。

2. 商务宴请

指各类企业、营利性机构或组织为了一定的商务目的而举行的宴请活动。

3. 交谊性宴请

以体现人们私人情感交流为目的的宴请活动,旨在表示友好、联络感情、发展友谊、沟通信息,如庆贺、答谢、送行、逢年过节、接风洗尘、亲朋相聚等。

(二)按宴请的规格和隆重程度分

1. 国宴

国宴是国家元首或政府为招待国宾、其他贵宾或在重要节日为招待各界人士而举行的宴会,其规格最高,盛大隆重,礼仪严格。

2. 正式宴会

正式宴会的正式表现有三：人员事先确定，菜单确定，时间确定。一般情况下，大型的正式的宴会往往是晚宴，也有少数情况是午宴，比如婚宴。一般的商务宴请、社交宴请往往是晚宴，因为中午大家忙工作，没时间，所以晚宴相对就可以比较放松。

3. 便宴

是一种气氛随和的非正式宴会。规格可大可小，不拘严格的礼仪、程序，形式灵活，电话或口头邀请即可，多用于日常交往中招待熟悉的朋友，但仍然是一种社交。

4. 家宴

家宴是以私人名义在家中举行的宴请形式。一般人数较少，不讲严格的礼仪，菜式多少不限，宾主席间随意交谈，轻松活泼、自由。常由主人亲自下厨烹调以表示对客人的友好和欢迎。

二、主人的礼仪

1. 费用

了解情况，做好预算，并考虑到可能出现的意外情况。量力而行，味道好吃、价格公道，既让客人满意，又不要浪费。

2. 会客

（1）请哪些人

主宾确定后，要好好考虑请哪些人作陪合适，效果好。

（2）座次排列

比较正式的宴会，一般桌子上要放桌签，如一号桌、二号桌、三号桌，还要放姓名签，让大家对号入座，一般习惯把地位身份相近的人、夫妻等排在一起，把宾主交叉排列。

3. 环境

考虑三个要点：

卫生。除了吃饭的厅堂，还包括周边及卫生间等环境。

安全。有紧急出口，遇到火险、灾难容易疏散撤退。

交通便利，停车方便。

4. 音乐

优美的音乐能营造良好的用餐气氛，使大家和谐、冷静、专注、融洽地进行交流。若有条件自己安排音乐，选择的曲目、气氛应该跟现场吻合，轻松、自然、舒缓，不要激烈的或忧伤的音乐。另外，如果请的客人比较重要，音乐风格、主题应该考虑对方的爱好，不能只从自己的喜好出发。

5. 菜单

（1）展示特色

有中餐特色的菜肴。宴请外宾的时候这一条更要重视。像炸春卷、蒸饺、狮子头、宫保鸡丁等，并不是名贵珍稀菜肴，但因为具有鲜明的中国特色，所以受到很多外国人的推崇。

有本地特色的菜肴。比如北京的烤鸭、西安的羊肉泡馍、湖南的毛家红烧肉、四川的麻婆豆腐等。宴请外地客人时上本地特色菜易受好评。

餐馆的特色菜。很多餐馆都有自己的特色菜，上一份本餐馆的特色菜，能说明主人的细心和对被请者的尊重。

（2）尊重客人的喜好

请客吃饭，为了尊重客人，一般点菜以客人的喜好为主，这样的结果往往是大家都很满意。然而现实生活中往往有大量的场景，

都是客随主便，点菜的主导权在主人手里，因此，主人在选择菜品时应该询问客人的意见再确定。（图2-72）

图2-72　点菜

（3）注意客人的禁忌

要了解客人有什么忌口。如果是便宴，可现场询问各位有什么忌口。如果是国宴或者大型宴会，主要考虑主宾，要提前向对方或者随员进行征询。

职业禁忌。有些职业，在餐饮方面也有各自不同的特殊禁忌。例如，国家公务员在执行公务时不准吃请，在公务宴请时不准大吃大喝，不准超过国家规定的标准用餐，不准喝烈性酒。驾驶员工作期间不得喝酒。

民族宗教禁忌。如对于常见的猪肉、鱼肉，一些民族就是忌讳吃的。而佛教禁食荤腥食品，它不仅指肉食，而且包括葱、蒜、韭菜、芥末等气味刺鼻的食物。

健康禁忌。出于健康的原因，有些人对于某些食品也有所禁忌。比如，肝炎病人忌吃羊肉和甲鱼；胃肠炎、胃溃疡等消化系统疾病的人也不合适吃甲鱼；高血压患者忌吃高盐食品；高血脂患者忌吃油炸食品；痛风患者忌吃海鲜、动物内脏；糖尿病患者忌食高糖食品，如精制糖果、蜜果脯饯、高糖分水果、冰激凌、含糖饮料等。

地域性禁忌。不同地区，人们的饮食偏好往往不同。对于这一点，在安排菜单时要兼顾。比如，湖南人普遍喜欢吃辛辣食物，少吃甜食。英美国家的人通常不吃动物内脏、头部和脚爪。另外，宴请外宾时，尽量少点生硬需啃食的菜肴，他们在用餐中不太习惯。

个人禁忌。由于个人习惯与禁忌不能吃的东西。

若现场点菜，如果时间允许，主人应该等大多数客人到齐之后，将菜单供客人传阅，并请他们来点菜，但通常客人会让主人来做主。要多做饭前功课，选择合适的请客地点。

6. 劝菜

劝菜要适度，一般不宜为对方夹菜。尤其对外宾不要反复劝菜，可向对方介绍中国菜的特点，吃不吃由他。外宾没有这个习惯，一再客气，对方会反感。（图2-73）

图2-73　一般不宜为客人夹菜

三、客人的礼仪

1. 主要环节礼仪

（1）到场

遵守时间，赴宴要准时到达。

（2）吃菜

客人在点菜时不宜太过主动，而是要让主人来点菜。如果对方盛情要求，可以点一个不太贵也不是大家忌口的菜。记得征询桌上人的意见，"比较喜欢吃什么？""有没有哪些是不吃的？"让大家感觉被照顾到了。点菜后，可以说"要不要再来点其他的什么"等等。

中国人一般都很讲究吃，也很讲究吃相。

中餐宴席进餐伊始，服务员送上的第一道湿毛巾是擦手的，不要用它去擦脸。上龙虾、鸡、水果时，会送上一只小水盂，其中飘着柠檬片或玫瑰花瓣，它不是饮料，而是洗手用的。洗手时，可两手轮流沾湿指头，轻轻涮洗，然后用纸巾或小毛巾擦干。（图2-74、图2-75）

图2-74　擦手毛巾　　　　　　图2-75　洗手水

客人入席后，不要立即动手取食。应待主人打招呼，由主人举杯示意开始时，客人才能开始。客人不能抢在主人前面。

夹菜要文明，应等菜肴转到自己面前时再动筷子，不要抢在邻座前面。

一次夹菜也不宜过多。要细嚼慢咽，这不仅有利于消化，也是餐桌上的礼仪要求。决不能大块往嘴里塞，狼吞虎咽，这样会给人留下贪婪的印象。

不要挑食，不要只盯住自己喜欢的菜吃，或者急忙把喜欢的菜

堆在自己的盘子里。（图2-76）

夹菜的时候，不要为了挑自己喜欢的菜，而在盘子里翻来翻去，将整个盘子翻得乱七八糟，让别人失了胃口，也不卫生。

用餐的动作要文雅。不要龇牙咧嘴太过用力撕咬食物。（图2-77）

夹菜时不要碰到邻座，不要把盘里的菜拨到桌上，避免把汤泼翻。

不要发出不必要的声音，如喝汤时"咕噜咕噜"、吃菜时嘴里"叭叭"作响，这都是粗俗的表现。

骨头和鱼刺不要吐在桌子上，可放在碟子里。

掉在桌子上的菜不要再吃。

不要站起身夹菜。

不要嫌弃饭菜，让主人难堪。

正在咀嚼食物时不要和人聊天。

进餐过程中不要玩弄碗筷，或用筷子指向别人。

不要让餐具发出声响。

用牙签剔牙时，应用手或餐巾掩住嘴。

用餐结束后，可以用餐巾、餐巾纸或服务员送来的小毛巾擦擦嘴，但不宜擦头颈或胸脯；餐后不要不加控制地打饱嗝。在主人还没示意结束时，客人不要先离席。

图2-76 避免堆积菜　　　图2-77 避免用力撕咬食物

（3）喝酒

敬酒的小技巧：

主人敬主宾。陪客敬主宾。主宾回敬。陪客互敬。

做客不能喧宾夺主乱敬酒，那样是很不礼貌，也是很不尊重主人的。

领导相互喝完才轮到下属敬酒。敬酒要站起来，双手举杯。

可以多人敬一人，不可一人敬多人，除非你是领导。

如果没有特殊人物在场，敬酒最好按顺时针顺序，不要厚此薄彼。

自己敬别人，如果不碰杯，自己喝多少可视情况而定，比如对方酒量、对方喝酒态度，不可比对方喝得少。自己敬别人，如果碰杯，一句"我喝完，你随意"，方显大度。

端起酒杯，右手扼杯，左手垫杯底，敬酒时注意自己的杯子要低于对方。（图2-78）

敬酒时，要有恰当的敬酒词。

助酒不劝酒，不要酗酒划拳，争吵起哄。

图2-78　敬酒

（4）离席

尽量在结束的时候再走。当你要中途离开时，悄悄地和身边的两三个人打个招呼，跟主人告别，离去便可。和主人打过招呼，应该马上就走，不要拉着主人在门口聊个没完。因为现场也还有许多客人等待主人去招呼，你占用主人太多时间，会造成他在其他客人面前失礼。

2. 注意事项

（1）吃饭用筷十忌

一忌迷筷，犹豫不决，不知从何下筷，手握筷子在餐桌上乱游寻；

二忌翻筷，在碗里扒拉拣食；

三忌刺筷，以筷当叉使；

四忌拉筷，持筷撕口中正咀嚼的肉；

五忌泪筷，夹菜带汤，滴答乱流；

六忌吸筷，将筷子放入口中吮吸；

七忌别筷，用筷子撕扯肉类菜；

八忌供筷，把筷子竖直插入碗中（图2-79）；

九忌敲筷，以筷击碗或桌子；

十忌指筷，持筷指着人说话。

平时用餐时还应注意避免左右手同时并用筷子勺子，应右手拿筷子或勺子，左手扶着饭碗，以示珍惜饭碗（图2-80）。

图2-79 供筷

图2-80 筷子的握法

（2）注意适度的交际

一般比较重要的宴会，往往会把不太熟的人适当地交叉放在一块儿，并进行介绍。被介绍之后应跟人家打个招呼，适当地进行沟通，不能只埋头吃饭。

【古代礼仪小知识】

古代餐饮礼仪

餐饮礼仪可谓源远流长。据文献记载，至少在周代，饮食礼仪已形成一套相当完善的制度，成为历朝历代表现大国之貌、礼仪之邦、文明之所的重要方面。

古代宴饮礼仪，自有一套程序：主人举办宴会前，要写好请柬送到客人家中，请客的当天，主人要在家门口迎接客人，相互寒暄后，将客人引入客厅稍事休息，敬以茶点。客人到齐后，主人邀请客人入席。客人坐定，由主人敬酒让菜，客人以礼相谢。斟酒的顺序应先从主宾开始，再按身份地位依次斟酒，最后才是主人。宴饮结束，主人邀请客人入客厅小坐，上茶点，交谈片刻，直到客人告辞，主人将客人送至门外。

《礼记·曲礼》中关于古人共同进餐的礼仪，提出了饭桌上需要避免的失礼行为。

大伙儿一起吃饭，要注意谦让，不可只顾自己吃饱。要注意手的卫生，因先秦时候人们吃饭不用筷子，而是用手抓着吃。不能为了自己多吃就把饭抟成团，不要把多取的饭再放回食器，不要大口喝汤，以免汁液外流。不要吃得啧啧作响，不要使劲地啃咬骨头，因这样一来吃相不雅，二来会弄出声响，并且有嫌主人准备的食物不足之意。不要把拿起或咬过的鱼肉再放回食器，不要把骨头扔给狗，那样有贱看主人食物的意思。不要因为喜欢吃某种食物就一直吃，而不顾别人。饭刚蒸好很热，可以稍等片刻，不要用手去扇饭的热气，那样显得太着急。不要用错餐具，在吃黍的时候，不要用筷子吃，因为有黏性的米粒会粘到筷子上。所以古人用匕抄着吃，但不用筷子。古代的筷子不是用来吃饭的，而是夹羹汤里的菜的。

羹汤中的菜要经过咀嚼，不可囫囵地吞下。不要嫌主人做的羹味道不好，当着主人的面再往菜汤里加调料，这会让主人很尴尬。不要当众剔牙，如果实在塞得难受，也应该用另一只手掩住口再剔。不要喝肉酱，古人在餐桌上准备肉酱，是用来蘸肉吃的，如果在吃饭的时候喝肉酱，就会给人饭菜准备不足、饭菜没有味道的感觉，主人会很过意不去。如果客人不懂礼貌，在吃饭时调和菜汤，主人就要道歉，说自己厨艺不佳、准备不够周到。客人如果喝肉酱，主人就要道歉，说自己家贫，不足以准备好菜、不足以调味。湿软的肉可以用牙齿咬断，干硬的肉不可以用牙齿咬断，须用手分开吃。吃烤肉不要一口吞一大块。

现代的宴饮礼仪虽不似古代那么烦琐，但诸如吃饭时嘴里不要发出声响、不要盛过多的饭菜、不要在饭桌上剔牙等礼仪，则与古代是一脉相承的。

第三节　拜访与接待礼仪——
　　宾至如归　客随主便

一、做客礼仪

1. 预约

当你决定去拜访别人时，需要和对方预约时间和地点，并告知届时到场的具体人数及其各自身份。当接到别人的做客邀请后，无论接爱与否都要及时告诉对方。

2. 服装仪表

应邀做客时服装和仪表都应该注意修饰，服装应整洁、庄重，仪表应端庄大方，以示对主人的尊重。但不要过于华丽，避免炫耀之嫌。

3. 准时到达

如果事先已经约定好时间，就应遵守约定，准时到达，以免让别人久等。也不要提早到，以免主人未做好准备。如果发生了特殊情况不能前去，应尽可能提前通知对方，并表示歉意。随便失约是很不礼貌的事情。一旦应邀，没有特殊理由不能失约。

4. 叩门按铃

到达主人门前，应按铃或敲门。敲门要把握好力度和节奏，有节奏地敲打两三次，然后停止，间隔一会儿，若主人尚未来开门，可再敲，切忌连续用力拍打。也不要一下接一下急促地按门铃。（图2-81）

5. 进门问候

到达主人家里，不要太急于入屋内，应先向主人问候寒暄，然后跟随主人进入，不要在主人之前抢先入内。见到主人的家人应主动打招呼。（图2-82）

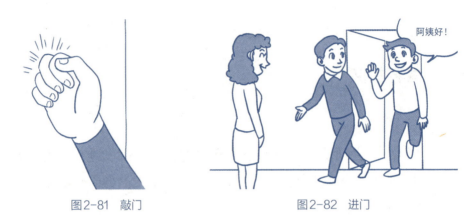

图2-81　敲门　　　　　　图2-82　进门

6. 入座

待主人安排座位后再坐下，要注意坐的姿势。如果携带礼物，此时应当面赠送礼物，表达原因、祝福、心意。

7. 接受敬茶

对主人的敬茶应表示感谢。

见主人端茶来要起身道谢，双手接过。主人端上的果品，要等年长者先动手之后，自己再取，果皮果核不要乱扔乱放。

8. 交谈

谈话要专心，不可左顾右盼，不要在房间里走来走去，更不可乱翻东西。

交谈用语、语气要顾及对方的辈分、地位及相互关系。适当同主人家属交谈。多人拜访，不要一个人抢着说话。

9. 告辞

一是把握好辞行时机。拜访要"见好就收"，适可而止。如果交谈已持续一定时间，或发现主人心不在焉、蹙眉皱额，或不时看表，来访者应寻找适宜结束的话题并告辞。告辞不应在对方说完一段话后立即提出，可选在两人沉默的空隙。如果主人有新客人来访，应同新客人打过招呼之后，及时告辞，以方便他人交谈。

二是注意告辞的言行。辞行时应主动与主人握手，向家属和在场的客人致意告辞。如果来访的客人很多，自己有事提前离开，可低声向主人告辞并表示歉意，若其他客人注意到，则可向他们示意道别。

二、待客礼仪

1. 准备

如果知道有客人来访要提前做好准备工作，以免客人到来时手忙脚乱。如果客人突然临门，室内来不及清扫，应向客人致歉，但不宜急忙打扫。

2. 迎接问候

客人在约定时间到达，主人应提前到门口迎接，见到客人后，热情打招呼，以示欢迎。通常迎客应有"三部曲"——握手、问候和欢迎。（图2-83、图2-84）

图2-83　迎客三部曲

图2-84　请进

3. 敬茶

客来敬茶是中国人待客的传统习俗，要注意以茶会客的礼仪。

（1）注意敬茶的顺序

如果客人不止一位，第一杯茶应敬给德高望重的长者。

上茶的先后顺序是：

其一，先为客人上茶，后为主人上茶；

其二，先为主宾上茶，后为次宾上茶；

其三，先为女士上茶，后为男士上茶；

其四，先为长辈上茶，后为晚辈上茶。

如果来宾甚多，且彼此之间差别不大时，可酌情采取下列四种顺序上茶：

其一，以上茶者为起点，由近而远依次上茶；

其二，以进入客厅之门为起点，按顺时针方向依次上茶；

其三，在上茶时以客人的先来后到为顺序；

其四，上茶时不讲顺序，或是由客人自己取用。

（2）茶具要清洁

客人进屋后，先让座，后备茶。冲茶之前，一定要把茶具洗干净，尤其是久置未用的茶具，难免沾上灰尘、污垢，更要细心地洗刷干净。在冲茶、倒茶之前还可以用开水烫一下茶壶、茶杯。这样既讲究卫生，又显得彬彬有礼。如果茶杯上污迹斑斑，用这样的给客人倒茶茶杯是不礼貌的表现。如果使用一次性杯子，在倒茶前最好给一次性杯子套上杯托，以免水热烫手。

（3）茶水要适量

放置的茶叶不宜过多，也不宜太少。假如客人主动介绍自己喜欢喝浓茶或淡茶，那就按照客人的口味把茶冲好。倒茶时，无论是大杯小杯，水都不宜倒得太满，以七分满为佳。太满了容易溢出，弄湿桌子、凳子、地板，不小心还会烫伤自己或客人，使宾主都很难为情。当然,也不宜倒得太少。

(4) 端茶要得法

没有杯耳的茶杯倒满茶之后周身滚烫,双手不好接近,应该有托盘。敬茶时将茶杯放在托盘上,用双手奉上,茶杯应放在客人右手的上方。对有杯耳的茶杯,可用一只手抓住杯耳,另一只手托住杯底,把茶端给客人。(图2-85)

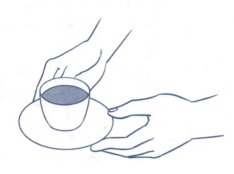

图2-85 奉茶

(5) 添茶要及时

添茶的时候要先给客人或位尊者添茶,最后再给自己添。

4. 陪客交谈

客人坐下,敬茶后,应立即与客人交谈,尽快弄清来访者的意图,迅速确定谈话话题。交谈的内容根据来访者的目的、身份、职业、兴趣而定,不要谈些对方不太熟悉或不感兴趣的话题。主人要善于倾听与交谈,引领话题。若来客多人,不冷落任何一个客人。如客人互不相识,主人需作介绍。

5. 共同进餐

邀请客人一起进餐,若客人同意,主人及家属要进行合作,一人陪客,一人准备饭菜。在进餐时,可以根据条件听听音乐等,以增加欢快气氛。

6. 送客

客人告辞时，主人应热情挽留。若客人执意要走，也要等客人起身告辞了再站起来相送。若赠送礼物，应在此时交给客人并表达心意。送客时要把客人送到门口或楼下，亲切道别，待客人走远后再回身关门或上楼，不要客人刚一出门就关门。（图2-86）

图2-86　主客道别

【古代礼仪小知识】

古人怎样会客

古人拜访与会客，是十分讲究礼节的。

每逢有客人来访，主人一般都会提前几天做好准备。来访当天，主人会早早地在门外恭候客人的到来。见面后，互相行礼。这时主人邀请客人进入家中。迎客进门以后，主人为客人指路，每到拐角处，主人要说"请"，客人答"请"。在登台阶时，古代有"拾级聚足"的礼节，即主人前足先登上一级，后足再与之齐，而后再登上一级，再并足。这样是为了照顾到客人，使其能跟上主人。

进入房间时要注意礼节：一是"将上堂，声必扬"，即说话的声音要提高一些，以使里面的人听到，知道客人已经来了。二是"将入户，视必下"，客人进入房间时，眼睛应该往下看，而不要四处张望，这是为了避免窥探他人的隐私。

进屋后，主人会将客人让至尊位入座。当主客双双落座后，主人会命人向客人敬酒或敬茶，客人应起身答谢。在之后的谈话过程中，主人也要注意礼节，仪表要端庄，不得有傲慢、不庄重的举止。

古代的官员士绅、文人商贾往来拜访，有一整套烦琐的仪式。来客须先呈上写有自己名字及功名官衔的名帖，相当于现今的名片，由主家的仆役呈交通报，主人根据名帖上的信息决定是否接见，然后才由仆役领着客人到前堂就座，主客寒暄叙谈，敬执宾主之礼。在这一过程当中，拜帖是很重要的信息载体。为了令拜帖显得庄重而考究，避免出现皱褶叠痕，有身份地位的来客会用一只专用的小木匣盛装拜帖，一来显示对主人的尊重，二来也通过这种用具间接地告诉主人，自己是什么身份档次，财富地位如何。这种专门用来盛装拜帖的匣子，称为"拜匣"，又名"拜帖盒"。有时，拜匣里可能还放着向主人送礼的礼单。

第四节　馈赠与接受礼仪——
　　　精选礼品　传递诚意

礼品是表达心意、象征交情的物品。馈赠即赠送礼品，人们通过馈赠来表达慰问、祝贺、友好、感激、爱恋等情感。

一、赠送礼物

1. 送给谁

送给谁,要考虑自己的目的、效果,并注意相关的风俗习惯。除了送给对方本人,也可以选择送给其家人。比如一个家庭有小孩子,就可以把礼品以小朋友为对象,如果他们家有老人,那么我们以老人为对象送礼品也会皆大欢喜。

2. 送什么

根据自己的目的、彼此关系、对方的身份、性别、风俗等选择合适的礼品。

一是明确与受赠者之间的关系;二是了解受赠者的兴趣爱好;三是根据不同目的选择礼品;四是注重融入真情;五是重视礼品的纪念意义;六是注意时尚性,不送过时的礼品;七是选择具有独特性的礼品,力求"人无我有""人有我优""人优我新",人家没有的我有,如果送的东西大家都有,那么我的要更好一些,如比较出名的、品牌好的、最正宗地道的,或者是要款式、样式、功能比较新的。如果需要携带,礼品还应具有便携性,不要太大太重易碎等。(图2-87)

注意礼品选择的禁忌,如风俗习惯、民族差异和宗教信仰的禁忌;个人的禁忌;国家的有关规定等。常见禁忌如给长辈或老人送钟,给夫妻情侣送伞、梨,谐音不吉利。又如白菊花表示哀悼,黄菊花有思念之寓意,不能随意送人。(图2-88)

图2-87 送礼看对象　　　　图2-88 给长者送钟是禁忌

3. 在什么地方送

送礼品要考虑场合，比如公务交往的礼品一般应该在办公地点送，以示郑重，公事公办。私人社交的礼品要在私人交往的地方送，以示公私有别。公务商务、婚丧喜庆一般在公开场合赠送，答谢性馈赠和资助性馈赠等则适合在私人场合进行。

4. 什么时间送

馈赠的时间要及时适宜。节日、良辰、婚嫁、慰问、祝贺、感谢、送别、拜访、迎客、受挫、生病住院等，都是送礼物的合适时机。但要注意时间忌讳，如对方刚做完手术时不宜马上探望送礼，否则不利于病人的休息和身体恢复。

送礼的时间，主人和客人应有区别。拜访别人时礼品应该在见面之初拿出来，表明你对对方的重视，给别人一个良好的印象，良好的开端也容易有一个良好的交往过程。而主人若要赠送，一般是在客人告辞的时候送礼，对外地的客人，一般是临行前送。

5. 如何送

礼品最好亲自赠送，如果不便亲自送，可采用两个方法：托人送、邮寄快递。当然，自己送和他人送给对方的感觉是不一样的，亲自送更能显出对对方的尊重和重视。

在赠送礼品时，不要忘了用语言表明自己的心意，说明意图及解释礼品。

6. 注意礼品的包装

礼品包装使礼品显得更加精美，提升礼品的品位与价值。精心包装的礼品给对方一种尊重感和亲切感，更能体现这一份礼物的心意。

二、接受礼物

1. 礼貌自然

当接受别人赠送的礼品时，受礼者应起身站立，面带微笑，用双手接受礼品，并表示感谢。如果自己觉得没有犯禁，没有违反党纪、国法，没有影响到双方的人际关系，可以接受就大方接受。如果有些礼品不能接受，当即要说明原因加以谢绝，注意语言的礼貌和恰当，最好不要事后送还或委托别人送还。

2. 表达感谢

如果你当场接受别人礼品，一定要表示感谢，如"谢谢你的好意，感谢了"。

3. 表示欣赏和重视

表现出你对礼品的欣赏其实也是在表达感谢。是否当场打开礼物可根据具体情况，关系熟识和亲近者可打开礼物表示欣赏，但无论打开与否，表示感谢是必须的。（图2-89）

图2-89 接受礼物

4. 不要高调招摇

一般来说，赠送礼品属于一种私人交往，在外人面前应低调一些，不要大肆宣扬招摇。

【古代礼仪小知识】

古人如何送礼

馈赠礼物以表心意，是人类社会生活中不可缺少的交往内容。在古代人们也要送礼，古人是怎么送礼的呢？

带着礼物去见朋友的记载，最早可以追溯到先秦时期。《仪礼·士相见礼》中说，士与士初次见面，一定要带着"贽"，就是见面的礼物。如果主人辞谢，那么客人要说："不以贽，不敢见尊者。"意思是说，不带着礼物，怎么敢来见自己所尊敬的人呢？古时候人们进行礼节性的会见，都是带着"贽"的。

《仪礼·士相见礼》中记载了士与士相见的情形。

士相见，冬季用雉（即野鸡）作礼物，夏季用干雉。客人双手横捧着雉，雉头向左，说："在下很早就想来拜见先生了，但苦于无人做介绍。今某某先生转达先生的意旨，叫在下前来拜见。"主人回答："某某先生是叫在下（指主人自己）前往拜会，但先生却屈尊驾临，请先生回家去吧，在下将前往拜见先生。"客人说："先生所言，在下实不敢当，还请先生赐见。"主人答："在下不敢当此威仪，再次请先生回家，在下将前去拜会。"客人又说："在下不敢摆此威仪，还是请先生赐见吧。"主人回答："在下一再推辞，都得不到先生的准许，将出去迎见先生。听说先生带了礼物，冒昧辞谢，请您把礼物拿回去吧。"客人说："在下不用此礼物，不敢来拜会先生。"主人说："在下不敢当此崇高的礼仪，冒昧再次辞谢。"客人回答："在下不凭此礼，不敢求见先生，请先生一定笑纳。"主人说："在下一再辞谢，也得不到先生许可，不敢不敬从！"于是主人到大门外迎接，两拜。客人答两拜。主人对客人作揖，从门右侧入内。客人双手捧着礼物，从门左侧入内。主人两拜接受礼物，客人两拜送礼物，然后出门。主人邀请客人，客人返回，与主人再一次相见，然后告退。主人送客到大门外，两拜。

（不久）主人带着客人所送的礼物到客人家回拜，说："前不久先生辱临敝舍，得以相见。今请将礼物还给传命的人。"（此时主客角色变换）。主人回答说："在下既然已经得以拜会先生，冒昧辞谢。"客人说："在下不敢求见先生，只请求还礼物给传命者。"主人答："在下既已得以拜会先生，冒昧再度辞谢。"客人又说："在下不敢以此小事烦扰先生，只是一定请求送还礼物给传命者。"主人说："在下一再推辞，得不到准允，不敢不听从您的吩咐。"于是客人手捧礼物入内，主人两拜而接受。客人两拜送礼物，然后退出。主人送客至大门外，两拜。

在今人看来，《仪礼》所记载的相见之礼不但十分烦琐，而且让人难以理解。其实，从古人送礼中我们能看出当时的社会风气。

一是轻财重德，送礼不求贵重，重内涵和道德寓意。古人为何使用雉作为礼物呢？因为雉一旦被人包围、无法逃脱时，既不会惧怕人的恐吓，也不吃诱饵，而是迅速自杀，所以人很难抓到活的野鸡。可见雉这种禽类能够抵抗美食的诱惑，临危不惧，宁死不屈。用雉作为见面礼，一方面表达了拜访者对主人美德的赞扬，另一方面也有士人之间互相勉励坚守高尚节操的意味。可见古人送礼，讲究的不是礼物本身的价值高低，而是礼物的道德意蕴。士大夫之间相见，带上野鸡，正意味着两个人之间的交往是彼此敬重的道义之交，是超越了利益的朋友关系。而被作为礼物的野鸡，也会作为回访"还礼"送还对方。古人这种执雉相见的方式，送礼的着眼点并不在钱财，更多体现的是一种精神上的敬仰与忠信，表达了一种"君子之交淡如水"的情怀，是君子交往的准则之一。这样的交往，充满着道德和文化内涵。古代的士有知识、讲情操、不势利。如果把钱财放在首位，为利而交，则利尽交散，只有为义而交，才能有恒久的友谊。

二是相互的尊重与谦逊。如上文所说，先秦时，当甲拜访乙时，乙表示不敢接受甲的登门拜访，要甲回家，等候乙的登门拜访。甲坚持要拜访乙，乙则再次表示不敢接受甲的亲自拜访，请甲回家等候。双方再三谦让后，乙才让甲入门。这套谦让的方法放在今天，好像是故意给客人吃闭门羹，似乎很不礼貌，然而在先秦，这却是主人在表达对客人的尊重。当宾客向主人赠送礼物时，主宾双方还要三番五次地谦让。往来数趟，然后主人才收下宾客的礼物，这在今人看来也颇为不解，但在当时，却表达了士人之间辞让的美德。

三是礼尚往来。古人讲究礼尚往来，尤其在平辈之间，礼是讲究对等的。《礼记·曲礼》说："礼尚往来，来而不往，非礼也；往而不来，亦非礼也。"接受对方礼品而不回礼，有贪图对方财物之嫌，故古人回访时会持对方来访所送的雉作为礼物。

第五节　祝贺礼仪——热忱祝贺 分享快乐

一、贺喜的种类

1. 结婚

"洞房花烛"是人生最大喜事,乃婚姻幸福之始,接着生儿生女,延续更多希望。贺婚之礼人们最为重视。

2. 事业学业

金榜题名,事业有成。升学、就职、晋升、获奖,公司或商场开业,重要仪式活动开幕等。

3. 乔迁新居

喜迁新房,改善居住条件,开启美好新生活,是一件值得庆贺的事儿。

4. 生日寿诞

出生、生日、老人寿诞等。

5. 节庆

逢年过节。

二、贺喜的方式

贺喜的方式很多,当面祝贺、电话祝贺、书面祝贺、点播祝贺、赠礼祝贺、设宴祝贺等。

若条件允许，可现场当面祝贺，将音容笑貌、热情友好直接传达给对方，亲切而自然。若条件不允许，可通过电话祝贺。祝贺的用语应准确、简洁、热情。

用书面祝贺，如信件、贺卡，留有个人签名，显得郑重。现在通信发达，使用电子邮件、微信、QQ、手机短信、发微博、制作视频等均可达到祝贺的目的。

此外，也可以通过媒体、软件点播对方喜欢的音乐等作品祝贺助兴，还可以赠送鲜花、礼品、礼金，以及宴请表达祝贺。

三、赠送贺礼

贺礼雅称"贺仪"，不是指祝贺仪式，而是指祝贺时带去的礼物。结婚礼物多是红包（现金）或实物。用印有双喜字的红包封上现金，送礼人在红包上写好祝贺语、签上姓名交给新人，或交由专人登记在册。如果因条件所限无法到现场祝贺，也可以采用电子红包的方式。贺喜红包的金额一般以双数为宜。若送实物，讲究喜庆、美观、实用，以家庭陈设品、生活实用品为主。如祝贺老人生日、寿辰，可送寿面或"寿"字相关的物品，如松鹤图，意味永远年轻。（图2-90）

图2-90　红包贺喜

四、贺喜的技巧

1. 注意礼节

参加婚宴、寿宴、拜年等祝贺活动，要讲究礼节。平辈相见，以握手或行抱拳礼为好，而晚辈向长辈祝贺新年、寿辰，宜行鞠躬礼，农村也有人行跪拜礼。长辈还礼，以握手或向众人抱拳为宜。

2. 选择合适的祝贺语

"祝贺"这两个字中包含两层意思，"祝"即祝愿，偏重于未来的"愿景"；而"贺"则是对现有美好事物的称颂。

道贺应使用简洁、热情、友善的吉语佳言，例如"恭喜、恭喜""我真为您高兴"就是常用的道贺之语。"事业成功""学习进步""工作顺利""一帆风顺""身体健康""心情愉快""生活幸福""阖家平安""心想事成""恭喜发财"之类的吉祥话，大家也百听不厌。

要区分不同的对象和场合，选择合适的道贺之语。如在祝贺同行开业时，"事业兴旺""大展宏图""生意兴隆""财源滚滚"，恐怕是对方最爱听的话。在祝贺生日时，生日贺词以年龄不同有所差别，如对年轻人说"生日快乐"，而"老当益壮""寿比南山，福如东海"是老寿星爱听的祝词。对新婚夫妇，使用"天长地久""比翼齐飞""白头偕老""百年好合""早生贵子"之类的祝贺语，能使对方更加陶醉在幸福与憧憬之中。而祝贺上司晋升，说"众望所归"之类比较得体，忌吹捧、献媚。

3. 注意避讳

要注意避开对方的忌讳。有些话本意不错，但可能犯某些忌讳，故应加以回避。例如，乘飞机者不喜欢别人祝他"一路顺风"，因为这对飞机飞行有碍。有的香港人不爱听别人祝他"快乐"，因为粤语"快乐"发音与"快落"近似，爱讨口彩的他们觉得不吉利，可以用其他词语代替，如"开心"。若明知一位女士才疏学浅，事业上难有进展，那么就不宜祝她"事业有成"，而代之以"生活幸福美满"更加合适。

第六节 探病礼仪——暖心慰藉 宛若良药

一、了解病情

探望病人前，应当对病人所患的疾病和病情有所了解。要了解对方是住院治疗还是在家疗养，了解病情程度和心理状态。这样一是防止传染，二是有利于选择合适的礼物及更好地交流安慰病人。如果探望患传染病的病人，最好等病人过了传染期再去探视，如果确实需要马上去，要尽量避免接触病人的用具、衣服，更不要带小孩去医院。

二、掌握好时机和时间

注意选择适当的探视时间，一是要避开病人的休息时间及吃饭时间等，可提前跟病人约好时间。二是探视时间并非越早越好。动大手术的病人或分娩的产妇，不宜在开头几天去探望，可让病人家属捎去问候口信，待其一定程度恢复后再去探视。此外，探望时间不宜太长，一般不超过半小时，以免影响病人休息。（图2-91）

图2-91 探望病人应把握时间

三、精选礼物

探望病人一般要带些礼物。礼物的挑选要注意根据病人的病情，不可随便。探望病人的礼物，可以选择营养品，但不应忽略精神效应。如有趣的画册、轻松的消遣书、香味淡雅的鲜花（味太浓的花容易刺激病人）等。送鲜花前，最好打听一下，该病人及病房是否允许送鲜花。以下常识可帮助选择礼物：

（1）探望高血压、冠心病、胆囊炎、肾炎和高烧病人，应该带含有维生素的清淡食品，如新鲜水果、水果罐头、果汁等。

（2）糖尿病人、水肿病人，可以带含蛋白质的食品，如奶制品、蛋类、肉松等。

（3）气管炎、肺气肿、肺结核等咳嗽、咳血的病人，可送有补养、润肺、止咳作用的核桃、蜂蜜、银耳等。

（4）妇科病、贫血等病人或孕妇、产妇，适合带营养、补血的红糖、鸡蛋、鲜虾、奶制品和豆制品等。

（5）肝炎、低血糖等症，可带糖果、蜂蜜、大枣等。

（6）胃肠道疾病，适合带些易消化无渣的藕粉、果汁等。

（7）肿瘤病人，适合送香菇、人参、水果等。

下列食品是探望病人不宜携带的：

（1）糖尿病人，不能送各种糖果、甜点心、水果、果汁等含糖食品。

（2）急性胰腺病人必须禁食，只靠静脉输液维持。所以，探望时不宜送食品。慢性胰腺炎病人，因食物消化发生明显障碍，不能送高脂食物，如鸡、鸭、肉类、奶油、蛋糕等。

（3）胃和十二指肠溃疡病人，不宜送奶油蛋糕、橘子汁、杨梅露等含刺激性的食品。

（4）痢疾、肠炎病人，不能送香蕉、蜂蜜、奶油蛋糕、核桃等。

（5）胆囊炎、胆结石病人，不宜送含油量较多的食品。

四、言谈举止得当

病人在患病期间，心理比较特殊和敏感。因此，在探望病人时，如果语言不慎或举止不当，可能会增加病人的思想负担，强化他们的猜疑心理，给他们增添精神压力。

为此，探望病人时要注意：神态平和，举止自然，注意说话的语气。不要大惊小怪，增加病人的压力。如不要用惊讶的口气问："呀，你怎么啦？""病重不重啊？"最好用平常的、温和的、自然的口气问："你今天感觉好些了吧？"谈话应尽量选择轻松愉快的话题，多谈病人关心感兴趣的事，以转移对方的注意力，减轻精神负担。探望重病人时，不要谈论病情，不要对医生的水平、治疗方法及用药妄加评论。说话要同病人家属、医生的口径一致，以免引起病人的怀疑；更不可泄露需对病人保密的信息，以免影响治疗效果。要有分寸地用乐观的话语鼓励病人，不要提及使病人不愉快或有损病人自尊心的事情。（图2-92）

图2-92 不当言语

五、遵守院规

应遵守医院的探望时间和要求,不要影响医院的正常工作秩序和病人的治疗与休息。

第七节 公共场所礼仪——严守公德 谦谦君子

公共场所是为社会公众提供活动和服务的地方。无论是大街小巷、绿地公园,还是影院剧场、图书馆、饭店,都需要人们自觉维护秩序,遵守公共场所礼仪。

一、公共场所的基本礼仪

(一)举止文明

行走时身体端正自然,步伐稳健,速度适中,站立时头与身体不要歪斜,坐姿要避免仰躺在沙发上或跷着二郎腿。

(二)言谈文雅

在公共场所高声谈笑是不文明的行为,会招致别人的反感和厌恶。说话声音应自然轻声。向别人打招呼时,应点头微笑、愉快地说话。"对不起""请""您好""谢谢""拜托""麻烦您了""再见"之类的礼貌用语应经常挂在嘴边,形成习惯。

(三)行为得体

1. 大厅不宜逗留过久

在公共场所的大厅,比如酒店的大堂、剧院的休息厅、车站的候车室等场所,不宜逗留过久,办完事情应该尽快离开。如果需要等人或者等车,也应该保持安静,不能大声喧哗,嬉笑打闹。

2. 不要阻挡、妨碍他人通行

不要在公共场所与人拉手、挽臂、勾肩而行。若是随身携带的包裹很多，不能随意乱放，应摆放整齐，以免影响他人。

3. 走廊、通道请靠右行走

在公共场所的通道或者走廊行走时，大家应该尽量靠右侧，将过道的左侧让出来，给有急事需要通行的人，这是国际通行的一种惯例。在公共场所的电动扶梯上也是一样。（图2-93）

图2-93　堵塞通道

4. 进出房门

首先要轻开、轻关，不能肘推、脚踢、膝顶等；其次，房门的开关需要配合相应的手势，若房门的把手在右侧要用左手开门，把手在左侧要用右手开门；公共场所的房间，若是门很宽，一般情况，应请长者、女士、来宾先进入房门。若是需要开关房门，门又不是很宽，需要我们根据房门的开关方向来确定谁先行。引领尊者进入房门时，外拉门请对方先进，内推门自己先进，并做相应的指引手势，注意为对方扶住门，以免发生意外。若出入房门时遇到对面有人，应侧身礼让。

（四）注意细节

修饰要避人，不在他人面前整理衣服和化妆打扮，如解衣扣、穿脱衣服、打领带、整理皮带、提裤子、整理内衣、检查裤子或裙子的拉锁、拉直下滑的长筒丝袜、脱鞋整理鞋垫、擦皮鞋、修指甲等。在公共场合化妆和补妆，左照右照，也是不尊重别人的行为。这些都需要避开他人视线，在无人处进行。

还要注意举止的细节，避免如抠鼻孔、挖耳朵、挠痒痒、抖腿、脱鞋、剔牙缝这些不雅观的"小动作"。对于不得已或无法控制的行为，如打喷嚏、咳嗽、擤鼻涕、打哈欠，应用手帕、纸巾捂住口鼻，面向旁边。

二、各种场所礼仪

（一）博物馆、展览馆

1. 自觉接受入馆安检

不携带易燃易爆等危险品，自觉接受入馆安检，以保证自身安全和场馆安全。

2. 着装要适宜

博物馆、展览馆是相对特殊的场所，馆内展出的是具有纪念价值的文物与艺术品，因此对馆内环境的要求很高，对参观者也有着一定的要求。如果衣衫不整，穿着背心、裤衩、拖鞋等，或容易发出声音的高跟鞋，会与参观环境产生冲突，破坏整个参观氛围，对博物馆里的其他参观者、工作人员和展品都是不尊重、不礼貌的行为。

3. 保持馆内清洁卫生

不随地吐痰、乱扔杂物以及在展馆内吸烟，也不要在展厅吃零食喝饮料。

4. 保持安静，不要大声喧哗，将手机设置为静音或振动

环境的安静，使人们能够静下心来欣赏和感受藏品。因此，我们在馆内应保持安静，不高谈阔论，更不能大呼小叫，随意拍照、合影留念。这些做法都会导致馆内秩序混乱，影响他人参观的情绪，分散他人的注意力。

5. 管好孩子

带小孩的观众，应避免孩子在场馆内打闹追逐、攀爬躺卧，否则不仅影响其他观众的正常参观，也给展品带来危险，稍有不慎碰到展品可能会造成无法挽回的损失。（图2-94）

图2-94　孩子追逐易造成财物损坏

6. 不触摸文物及展品

博物馆、展览馆里的展品都是十分珍贵的，有的甚至在世界上都是独一无二的，具有极高的价值。随意触摸展品，会损坏展品。

7. 不使用闪光灯拍照，对标有"禁止拍照"的展品不要拍照

很多展品都有要求，不允许拍照，可以拍照的也要关闭闪光灯。因为很多展品对光的感应是非常灵敏的，部分文物，尤其是古代的漆器、字画、纺织品、彩陶等，在强光下会褪色，缩短寿命，甚至形成永久性的破坏，所以不能使用闪光灯拍照。某些展品属于

现代艺术或设计展品，以及借用外馆的交流展品，有版权问题，不允许拍照。

8. 尊重讲解员

听讲解员讲解时要专心，不要妄加评论。如在参观过程中存有疑问，应选择合适时机礼貌提问，不宜不停地发问，以免影响其他参观者。在听讲解时，还要注意为讲解员留有一定活动空间，不宜过紧簇拥，也不要过于分散。

9. 遵守秩序，服从引导

按顺序参观。参观人数较多时，要服从工作人员的引导，不要拥挤，也不要在一件展品前停留时间太长，以免影响他人欣赏。

（二）图书馆、阅览室

书籍是人类进步的阶梯，图书馆阅览室是公共学习场所，来这里或借阅图书资料，或查看报章杂志，是为了博古通今、与时俱进，丰富充实自己的精神世界，提高自己的文化修养。所以，到这种场合尤其应当注意文明礼貌。

（1）衣着整洁，不穿拖鞋背心等进入图书馆阅览室。

（2）尽量不要发出声响。走路要轻，就座时移动椅子不要发出声音。阅读时不要发出声音，把手机调为静音或振动，不在图书馆阅览室内接打电话。

（3）不大声交谈，更不能喧哗。碰到熟人可点头致意，如要交谈，应离开阅览室找一个不影响他人的地方，不可在室内谈笑。

（4）不要为自己或他人占座。

（5）不要在座位上躺卧、睡觉。

（6）不在图书馆阅览室吃零食、乱扔废纸。

（7）对开架书刊应逐册取阅，不要同时占有多份，阅后应放回原处。

(8）查阅卡片和图书时要轻拿轻放、轻翻。

(9）不在图书资料上折页、剪裁或写字、涂画。（图2-95）

(10）举止文雅，情侣不要做出一些亲密举动。

图2-95　图书折页

（三）观赏话剧、舞剧、音乐剧

(1）感冒生病不要参加音乐会。第一，感冒生病应注意休息，避免病情加重，得不偿失。第二，生病有可能传染他人，很不礼貌。第三，若在观演中出现流鼻涕、咳嗽、打喷嚏等人自身很难控制的行为，会严重干扰影响其他听众。

(2）仪表整洁大方，宜穿着相对正式的服饰，避免穿家居服、背心、短裤、拖鞋或奇装异服。

(3）要提前入场。若已经迟到，应该遵守剧院的相关规定在等候区等待，在曲间或幕间进场就近入座，或按照场务指引入场，中场休息时再回到自己的座位，避免影响其他观众的观演体验。

(4）若男士与女士同行，进场的时候女士在前，男士在后。并且按照以右为尊的礼节，女士可坐在右边。

(5）不将食品、饮料、塑料袋等带入剧场。剧院大都设有物品寄存处，不要让食物的味道和塑料袋的声音影响到周围观众。（图2-96）

(6）演出过程保持安静。将手机调至静音或振动，不要在场

内接打手机。不高声说话,不要在下边讲解、介绍、评论。(图2-97)

图2-96 剧场噪声影响他人　　　图2-97 戏剧交谈不文明

(7) 未经允许禁止录音录像、拍照和使用闪光灯。演出开始后,为了保障演出的顺利进行以及保护版权,往往是禁止拍照和摄像的,更不要使用闪光灯。若想拍照留念,可在演出开始前或结束后进行。(图2-98)

图2-98 观看演出过程中不允许开闪光灯拍照

(8) 管好孩子。若带孩子观剧,家长事先要告诉孩子保持安静,现场禁止喧哗,不得在场内进食。有些剧场音乐厅规定8岁以下小朋友禁止入场,因为年龄小的儿童不具备情绪的掌控能力,让他们安静地聆听一场完整的演出,是很困难的。

(9) 注意坐姿。适当克制,避免过多的小动作,如伸懒腰、抖腿、频繁从包里掏东西、在座位上扭动身体等，那样会使旁人感到不安，分散其他观众和演员的注意力。

（10）不要吸烟，不吃带皮带核的东西，不随地吐痰，不乱扔杂物。要注意脱下帽子，但不能脱鞋子。

（11）恋爱中的青年，应当自重，不在公共场合过分亲昵。

（12）不随意离座、走动，如果要去上卫生间或者暂时离席，要等幕间。

（13）演出结束不要急于退场。

演出结束观众应鼓掌致谢，有序退场。演出结束后，演员谢幕是整个演出活动的重要组成部分，是演员向观众表达谢意的艺术化礼仪，作为观众也应该以礼相待，向艺术家表示敬意和感谢。

演出全部结束时，应在座位上停留片刻，不能只顾起身，任由座椅乒乓作响。待演员谢幕时，全场起立鼓掌，表达对他们辛勤劳动的肯定和答谢。应一手按住椅垫一边慢慢起身，使椅垫慢慢翻起在椅背上，然后和其他听众一起鼓掌表示对演奏者的尊敬，待演员退场或帷幕落下时再有秩序地退场。

观剧中途不要提前退场，有特殊情况要提前退场的，应在幕间悄悄离开。

（四）欣赏歌剧、音乐会

歌剧和交响音乐会与上面的几种艺术形式相比更为高雅正式，除了上面的基本礼仪外，还有几点要格外注意。

1. 着装更为正式

建议着正装，这是观众重视演出和尊重艺术家的最直接表现。

2. 提前进场不迟到

现在很多音乐厅都拒绝乐章中间让迟到者入场，有些音乐厅严格限制迟到的入场者，迟到的人只能等到中场休息才可以进入了。

3. 熟悉音乐会曲目

为了获得更好的欣赏体验，在音乐会开始之前，要先熟悉音乐会的曲目背景、作品风格，演出人员的资料。音乐会的主要曲目常会安排在中场休息之后的第一首或是整场音乐会的最后一首曲目。

4. 把握好鼓掌的时机

适当的掌声是观众对演员的响应，过于热情或不合时宜的掌声，则会扰乱演奏者的情绪。

音乐会开始时，应鼓掌迎接指挥上台。对上台演出的演奏、独唱等演员，也应给予掌声鼓励。

交响乐是包含多个乐章的大型管弦乐曲。欣赏交响乐作品或组曲时，一般不要在乐章之间鼓掌，要在整个曲目结束之后再致以掌声。但有一些特定的音乐作品，比如《拉德斯基进行曲》，指挥家会带领观众在乐曲当中跟随着音乐的律动拍手，这种情况跟随着指挥家的指示行动就行了。

指挥者的手势可以帮助判断是否适宜鼓掌，可以看指挥者的双手是否已完全放下，音乐是否有完全停息的气氛，尤其是对不熟悉的乐曲，更要注意。一般乐章之间台上的指挥、演奏家们都有简单的休整动作，台下的听众也有些调整身姿等举动。而全部乐章演奏结束后，指挥一般都会转过身来向听众示意，此时你就可以纵情鼓掌来表达对艺术家们的欣赏与感谢了。

借助节目单判断乐曲是否结束。许多音乐会在开演前都有节目单，我们不妨在听音乐会前先行了解演出的曲目，或是事先找寻相关曲目或音乐家资料，这样不但能掌握鼓掌的时机，更能增加听音乐会的临场感受与共鸣。（图2-99）

图2-99　不合时宜鼓掌

5. 不可随意献花

一般情况下,演出期间观众不能随意向演员献花,如有特殊情况要求以个人的名义向演员献花,应事先与工作人员联系,由工作人员安排献花活动。

6. 演出结束时热烈鼓掌,等待谢幕或返场

音乐会和歌剧有时可能会有额外的返场曲目,在全部作品结束时鼓掌,演员有可能会因你热烈的掌声而返场并加演。如果多次谢幕仍没有加演表示,也不必强求。

(五)仪式庆典

(1)不迟到。

(2)依次进场,按指定位置入座。

(3)有贵宾或领导进场应欢迎。

(4)有奏国歌仪式时,应规范站立肃静,面向国旗行注目礼。

(5)不在中途走动或退场。

(6)不着艳妆,服饰整洁大方得体。

(7)手机调至无声状态。

(8)不吹口哨,不起哄,不喝倒彩。

(9)不看书报杂志。

(10)不吃零食,不把垃圾留在场内。

（11）积极配合主持人完成所有活动程序。

（六）公交地铁

（1）遵守相关规定。

（2）先下后上，依次排队上车，不要拥挤，不要"加塞儿"。

（3）礼让老人、小孩、病人等需要帮助的人上下车，需要时应扶助一下。

（4）上车后不堵塞车门处，要往车厢中间走动。因车厢拥挤而站门边的乘客，车到站时应主动避让他人上下车。

（5）不争先恐后地抢座位，对病人、老人、残疾人、孕妇和抱小孩的妇女等要主动让座。

（6）站立车厢时要扶好站稳，以免刹车时碰着、踩着别人，碰了别人要道歉。

（7）注意坐车姿势，不要占据过多位置，影响他人。

（8）身体不要倚靠扶手、柱子，妨碍其他乘客。

（9）管好小孩子，不要在座位上打闹，影响周围乘客。

（10）不在车厢里大声接打电话、使用电子设备外放收听或收看节目等。

（11）不偷看他人手机内容。

（12）乘车不要携带很脏的东西，以免弄脏别人的衣服，必须带上车的，要放到适当的地方并做好保护。

（13）雨天乘车，上车前应把雨伞折拢，雨衣脱下收好，避免弄湿别人的衣物。

（七）购物

（1）呼唤营业员时，语气要平和，不要用命令式语气高声呼叫。当营业员正忙于接待别的顾客时，要耐心等待一下，不要急不可待地高声叫喊，指手画脚或手敲柜台。

（2）挑选商品时，不过分挑剔，时间过久会影响营业员为别人服务。挑选后不满意时，可以请营业员把商品取回，说一声"劳驾了"。挑选多次时，可以说一声"对不起！给你添麻烦了"。

（3）买完商品离开时，不要忘记向为你提供服务的营业员道一声"谢谢"。

（4）网上购物同样需注意语言行动，尊重对方。网购商品若出现问题，实事求是地反映情况，注意沟通，相互理解，解决问题。

（八）饭店餐馆

（1）到饭店餐馆去，要穿着整齐得体。不要只穿背心、裤头或敞胸露怀进入餐馆。

（2）如果没有预订位置，要请服务人员帮助安排。进入饭店，如有座位，应当尽快入座，以免影响他人。暂时没有位置时，应当耐心等待。确实不能久等的，可以和服务人员讲明情况，仍不可以时，换个饭店，避免发生口角。

（3）要尊重服务人员的人格和劳动。对服务人员不要颐指气使，呼来唤去，不提过分要求。如果出现问题，应当平静地说明情况，讲清道理。不要激动，不要暴躁。实在讲不通时，应请他们的负责人来协调解决。

（4）离开时通过其他席位时，要轻捷、安静。不要吆吆喝喝、前呼后拥。要始终保持一种稳重、平和、文雅、自信的风度。

【古代礼仪小知识】

孔子守礼

"礼"的种类纷繁复杂，"礼"的样态千差万别，但都包含有某些基本要素，如礼法、礼义、礼器、辞令、礼容等。其中"礼法"是指行礼的章法、程式，包括行礼的时间、场所、人选，人物的服饰、站立的位置、使用的辞令、行进的路线、使用的礼器，以及行礼的顺序等。如果说礼法是礼的外壳，那么礼义就是礼的内核。礼法的制订，是以人文精神作为依据的。如果徒具仪式，而没有合理的思想内涵作为依托，礼就成了没有灵魂的躯壳。所以孔子反对行礼以器物仪节为主，强调要以礼义为核心。礼义所重，在于诚敬，无论冠婚、丧祭、射飨等，行礼者的体态、容色、声音、气息都必须与之相应。

《论语·乡党》记载了孔子衣、食、住、行的生活情况，展示他在乡里、宗庙、朝廷等不同场合的礼容言行。

孔子在不同的场合，对不同的人，在容貌、神态、言行方面表现出相应的变化。在乡里，他给人的印象是谦逊、和善，不善言谈；在宗庙里、朝廷上，他谨慎而善于言辞；在朝廷上对官员态度得体，不卑不亢；在国君面前，他温和恭敬，庄重严肃。孔子出使别的诸侯国，捧着珪，恭敬谨慎，神色庄重。在举行赠送礼物的仪式时，显得和颜悦色。托人向在其他诸侯国的朋友问候送礼时，郑重地向受托者拜两次送行。和国君举行私下会见的时候，则比较轻松愉快了。

孔子对"礼"的遵循，不仅表现在与国君和大夫们见面时的言谈举止和仪式，而且表现在衣着饮食等方面。他对祭祀时、服丧时和平时所穿的衣服有不同的要求，如单衣、罩衣、麻衣、皮袍、睡衣、浴衣、礼服、便服等，都有不同的规定。斋戒沐浴时，要换上干净的浴衣。斋戒时，一定要改变平时的饮食习惯，居处也要改变地方。他在吃的方面也很注重，粮食不嫌舂得精，鱼和肉不嫌切得细。对有害健康的东西有八不吃，如粮食陈旧变味不吃、鱼和肉腐烂不吃、食物变色变味不吃等。

孔子认为，"礼"是至高无上的，是神圣不可侵犯的，一举手一投足都必须依照礼的原则。这是孔子个人修养的具体反映，也是他向学生们传授知识和仁德时所身体力行的。

吃饭、睡觉时不说话，睡觉不直挺挺地躺卧。即使是吃粗粮、菜汤，吃之前也要把它们取出一些来祭祖，而且一定要像斋戒一样恭敬认真。座席摆得不端正不能坐。同本乡人一起饮酒的仪式结束后，孔子一定要等老年人都离席了，自己才离席。乡里人举行迎神驱鬼的宗教仪式时，孔子总是穿着朝服站在东边的台阶上。

家居时，不必像参加祭祀、接待宾客时那样讲究容貌仪态。但见到穿孝服的人，即使平日关系很亲密的，态度也一定变得严肃起来。见到尊贵之人和盲人乐师，即使十分熟悉的人也一定以礼相待。在乘车时遇见穿丧服的人，便俯伏在车前横木上以示同情。遇见背负国家图籍的人，也这样做以示敬意。作客时看到丰盛的筵席，态度就变得庄重，并站起来致谢。遇见雷震风吼、老天发怒的时候则神色改变表现出对上天的敬畏。上车时，一定先直立站好，然后拉着扶手带上车。在车上，不回头，不高声说话，不指指点点。

孔子时时处处以正人君子的标准要求自己，使自己的言行符合礼的规定，表现了正直、仁德的品格和得体的行为举止。

参考文献

[1] 彭林. 彭林说礼. 北京：清华大学出版社，2018.

[2] 彭林. 中华传统礼仪概要. 北京：商务印书馆，2017.

[3] 礼仪金说. 社交礼仪. 北京：北京联合出版公司，2019.

[4] 钟洁. 中华文化十万个为什么——礼仪称谓. 北京：中华书局，2014.